현지에서 바로바로 활용하는

베스트

여행영어

완전정복

현지에서 바로바로 활용하는

베스트 여행 영어 완전정복

저 자 장현애, 권국일
발행인 고본화
발 행 반석출판사
2019년 1월 5일 초판 1쇄 인쇄
2019년 1월 10일 초판 1쇄 발행
반석출판사 | www.bansok.co.kr
이메일 | bansok@bansok.co.kr
블로그 | blog.naver.com/bansokbooks

07547 서울시 강서구 양천로 583. B동 1007호
        (서울시 강서구 염창동 240-21번지 우림블루나인 비즈니스센터 B동 1007호)
대표전화 02) 2093-3399   팩 스 02) 2093-3393
출 판 부 02) 2093-3395   영업부 02) 2093-3396
등록번호 제315-2008-000033호

Copyright ⓒ 장현애, 권국일

ISBN 978-89-7172-881-9 (13740)

현지에서 바로바로 활용하는

베스트
여행영어
완전정복

Bansok 반석출판사

여행에서 쓸 수 있는 기본 표현

영어를 조금이라도 알면 낯선 해외에서의 여행은 더욱 즐겁습니다. 영어로 인사말 정도만 알아도 상대는 미소를 띠며 대화에 응해줄 것입니다. 우선 여행을 가기 전에 여기에 있는 짧고 간단한 영어 표현을 반드시 암기해 두십시오. 그리고 용기를 내어 말을 걸어 보십시오. 분명 해외여행은 한층 멋진 추억을 당신에게 만들어 줄 것입니다.

★ 안녕하세요. (아침)	**Good morning.** 굿 모닝
★ 안녕하세요. (낮)	**Good afternoon.** 굿 앱터눈
★ 안녕하세요. (밤)	**Good evening.** 굿 이브닝
★ 안녕히 가(계)세요.	**Good bye. / Bye.** 굿바이 / 바이
★ 안녕히 주무세요.	**Good night.** 굿 나잇
★ 또 만납시다.	**See you again.** 씨 유 어게인
★ 감사합니다.	**Thank you.** 땡큐
★ 천만에요.	**You are welcome.** 유어 웰컴

★ 예. / 아니오.	Yes. / No. 예스 / 노	
★ 미안합니다.	I'm sorry. 아임 쏘리	
★ 실례합니다.	Excuse me. 익스큐즈 미	
★ 처음 뵙겠습니다.	Nice to meet you. 나이스 투 미츄	
★ 저는 한국사람입니다.	I'm Korean. 아임 코리언	
★ 영어를 못합니다.	I can't speak English. 아이 캔 스픽 잉글리쉬	
★ 이걸 주세요.	I'll take this one. 아일 테익 디쓰 원	
★ ~은 어디입니까?	Where is ~? 웨어리즈 ~	
★ 얼마입니까?	How much? 하우 머취	
★ ~가 있습니까?	Do you have ~? 두유 해브 ~	
★ ~을 부탁합니다.	~, please. ~ 플리즈	
★ ~해도 됩니까?	May I ~? 메이 아이 ~	

머리말

미국에는 수많은 이민족이 있습니다. 영국에서 온 앵글로색슨, 멕시코 계통인 히스패닉, 유럽 인종, 아프리카 계통, 라틴계 및 아시아 인종 등 다양한 종의 사람들이 살고 있지요. 이런 사람들이 사용하는 영어는 전부 저마다의 특징을 가지고 있습니다. 예를 들어 우리가 하는 영어가 콩글리쉬면 일본 사람들이 하는 영어는 쟁글리쉬고 중국사람이 하는 영어는 칭글리쉬라고 합니다. 이런 말의 원인을 살펴보면 모국어의 모음과 상당히 연관되어 있다는 것을 알 수 있습니다. 모국어의 모음이 영어의 모음을 다 발음하지 못할 때 발생하는 것이 각 국가의 영어발음이고 그걸 뛰어넘는 사람들은 각기 부단한 노력을 하신 분일 겁니다. 저희가 이 책을 펴내면서 강조하고 싶은 부분도 이 부분입니다. 영어 문화권에 가서 영어를 사용할 때 발음이나 문법에 덜 신경 쓰셨으면 하는 마음에서 본 책에 한글 발음도 기입하였습니다.

언어를 잘하는 사람일수록 쉬운 언어를 선택하여 사용합니다. 이는 언어의 사용목적 중 하나가 상대방에게 의사전달을 하기 위함이기 때문입니다. 저희는 그 점에 중점을 두었습니다. 현재 자주 사용되는 단어 위주로 작성하였으며, 독자님들이 바로 바로 사용하기 편하게 책의 내용을 구성하였습니다.

이 책을 통해 더욱 쉽게 영어를 사용하시기 바랍니다. 이 책은 어휘를 늘리고자 사용하는 단어장도 아니며 문법을 익히고자 사용하는 문법책도 아닙니다. 다만 영어를 단순히 어려운 학문으로 생각지 않고 실생활에 적용할 수 있게, 특히 다른 나라를 여행할 때 사용할 수 있게 만든 여행 영어책입니다. 아무쪼록 쉬운 언어로 쉽게 의사소통을 하셨으면 합니다.

마지막으로 현지에서 사용하는 쉬운 언어를 제공해주신 클리블랜드 출신의 지아와 삽화를 보내주신 장현애님, 처음부터 끝까지 지원을 아끼지 않으셨던 반석출판사 관계자 여러분에게 진심으로 감사의 말씀을 드립니다.

저자_권국일
- Greenville Trade(남아공)근무
- E2 company(현)
- 무역협회 자문위원

그림_장현애

감수_Giovanna Newsome
- Kent State University 영어교육학과

목차

목차

이 책의 특징

단체로 여행을 가면 현지 사정에 밝은 가이드가 안내와 통역을 해주기 때문에 말이 통하지 않아 생기는 불편함은 그다지 크지 않을 것입니다. 하지만 외국인과 대면하거나 쇼핑을 하거나 위급한 상황에 처했을 때는 회화가 절대적으로 필요합니다. 또한 여행지에서 현지인과의 의사소통은 여행을 한층 즐겁고 보람되게 해줄 것입니다.

이 책은 여행자의 필수 휴대품이 될 수 있도록 하기 위해 현지에서 꼭 필요한 어휘와 필수 구문, 대화 등을 실었습니다. 영어 초보자들을 위해 원어민의 발음에 가깝게 한글 발음을 병기하였고, 상황별로 필요한 영어 표현과 어휘를 실었습니다. 또한 원어민의 정확한 발음이 실린 mp3가 반석출판사 홈페이지(www.bansok.co.kr)에서 제공됩니다.

미국의 대표 관광지

미국의 유명한 관광지 10곳의 사진과 간략한 설명을 담았습니다.

유창한 회화를 위한 기본 표현

여행 회화를 보기에 앞서 실생활에 자주 활용되는 기본 표현들을 모았습니다.

베스트 여행 영어 완전정복

출발에서부터 교통, 관광, 숙박, 쇼핑, 식사, 통신, 질병, 기본적인 일상회화 등 여행을 할 때 부딪칠 수 있는 상황을 여행순서에 맞게 설정했습니다.

이 책의 활용 방법

1 외국으로 여행, 출장, 방문을 할 때 현지에서 유용하게 사용할 수 있도록 하기 위해 필수회화(구문)를 엄선하여 사전식으로 꾸몄습니다.

2 영어를 잘 모르더라도 즉석에서 활용할 수 있도록 하기 위해 발음은 가능한 한 원음에 가깝게 한글로 표기했습니다.

3 장면별로 현지에서 필요한 여행정보를 두어 여행가이드로서 역할을 충분히 할 수 있도록 하였습니다.

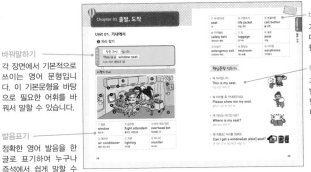

바꿔말하기용 어휘
기본문형에 어휘를 대입하여 즉석에서 활용할 수 있습니다.

핵심문장 익히기
기본문형 외에 상황별로 반드시 알아야 할 표현들을 실었습니다.

바꿔말하기
각 장면에서 기본적으로 쓰이는 영어 문형입니다. 이 기본문형을 바탕으로 필요한 어휘를 바꿔서 말할 수 있습니다.

발음표기
정확한 영어 발음을 한글로 표기하여 누구나 즉석에서 쉽게 말할 수 있습니다.

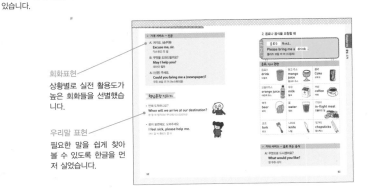

회화표현
상황별로 실전 활용도가 높은 회화들을 선별했습니다.

우리말 표현
필요한 말을 쉽게 찾아볼 수 있도록 한글을 먼저 실었습니다.

미국의
대표 관광지

1. 그랜드캐니언(Grand Canyon)

애리조나 주 북부 고원지대를 흐르는 콜로라도 강에 의해서 깎인 거대한 계곡이다. 계곡의 거의 모든 지역이 국립공원으로 지정되어 있으며, 강을 따라 고무보트 배를 타고 캐니언을 통과할 경우 2주일 이상의 시간이 소요될 정도로 거대한 규모를 자랑한다. 콜로라도 강에 의해서 깎인 계곡의 깊이는 1,600m에 이르고 계곡의 폭은 넓은 곳이 30km에 이른다. 1908년에 내셔널 모뉴먼트(National Monument)로 지정되었고 1919년에 국립공원으로 승격되었다. 1979년에는 유네스코 세계유산으로 지정되었다.

2. 뉴욕 시(New York City)

미국의 북동부, 뉴욕 주의 남쪽 끝에 있는 도시이다. 미국에서 인구가 가장 많은 도시이며, 상업, 금융, 미디어, 예술, 패션, 연구, 기술, 교육, 엔터테인먼트 등 많은 분야에 걸쳐 큰 영향을 끼치고 있다. 연간 5천만 명의 관광객이 방문하는 대표적인 관광도시이기도 하다. 대표적인 명소로는 5번가, 자유의 여신상, 자연사 박물관, 타임스스퀘어 등이 있다. 또한 엠파이어 스테이트 빌딩, 록펠러 센터 등 수많은 고층 빌딩과 센트럴 파크, 브루클린 다리 등도 뉴욕의 많은 볼거리 중 하나이다.

3. 라스베이거스(Las Vegas)

네바다 주 남동부 사막 가운데에 있는 도시이다. 전 세계에서 많이 알려진 도시 가운데 하나로, 카지노가 많아 관광과 도박의 도시로 불린다. 1905년 5월 15일 사막 위에 세워졌고, 6년 뒤에 도시로 정식 등록되었다. 미국에서 애틀랜틱 시티와 함께 도박이 허용된 도시이다. 카지노 말고도 분수쇼, 화산쇼, 서커스쇼 등 다양한 쇼들이 펼쳐지는 세계에서 가장 화려한 도시이다.

4. 월트 디즈니 월드 리조트(Walt Disney World Resort)

플로리다 주 올랜도에 위치한 세계에서 가장 큰 테마파크이다. 4개의 테마파크, 2개의 워터파크, 32개의 테마호텔 및 리조트, 그리고 다수의 쇼핑, 식사 및 엔터테인먼트 지역으로 이루어져 있다. 4개의 테마파크는 매직 킹덤(1971년 10월 1일 개장), 엡캇(1982년 10월 1일 개장), 디즈니 할리우드 스튜디오(1989년 5월 1일 개장), 그리고 디즈니 애니멀 킹덤(1998년 4월 22일 개장)이다. 캘리포니아 주 애너하임에는 1955년에 처음 개장한 디즈니랜드 파크가 있으며, 현재 미국에 6개, 일본에 2개, 프랑스에 2개, 홍콩에 1개의 디즈니랜드가 있다.

5. 유니버셜 스튜디오 할리우드(Universal Studio Hollywood)

캘리포니아 주 로스앤젤레스에 위치한 테마파크이다. 1964년 7월 15일에 개장한 170만제곱미터의 테마파크로 역사와 큰 규모를 자랑한다. 유니버셜 스튜디오 테마파크는 로스앤젤레스 외에도 올랜도, 일본의 오사카, 싱가포르 등에 있는데 다른 지점들과 달리 어트랙션뿐 아니라 실제 영화나 드라마 촬영 세트도 체험할 수 있는 것이 특징이다.

6. 나이아가라 폭포(Niagara Falls)

뉴욕 주 나이아가라 폴스와 캐나다 온타리오 주 나이아가라 폴스의 국경을 이루는
나이아가라 강의 대폭포로, 두 개의 대형 폭포, 하나의 소형 폭포로 나뉜다. 이는 염
소 섬(Goat Island)을 기준으로 캐나다령의 캐나다 폭포(말발굽 폭포, Horseshoe
Falls)와 미국령의 미국 폭포(American Falls)로 구별된다. 소형 폭포인 브라이달
베일 폭포(Bridal Veil Falls)는 미국 영토에 있다. 폭포로 인해 주변은 항상 안개가
껴 있으며, 미국 쪽보다는 캐나다 쪽의 전망이 더 좋은 것으로 알려져 있다. 1820년
도에 들어서 증기선의 운항이 시작되고 1840년도에 철도가 설치됨에 따라 관광객
들이 이 지역을 방문할 수 있게 되었다.

7. 하와이(Hawaii)

태평양의 하와이 제도에 위치해 있다. 본래는 폴리네시아 민족의 땅으로 여왕이 다스린 왕국이었으나, 사탕수수 상인과 군대를 앞세운 미국의 식민지가 되었고, 1959년 미국의 50번째 주로 편입되었다. 하와이 섬, 마우이 섬, 오아후 섬, 카우아이 섬, 몰로카이 섬 등의 주요 8개의 섬과 100개 이상의 작은 섬으로 구성되어 있다. 미국의 대표적인 관광지로, 오아후 와이키키의 아름다운 해변과 전통 춤 등이 손꼽히는 볼거리이다.

8. 옐로스톤 국립공원(Yellowstone National Park)

와이오밍 주 북서부, 몬태나 주 남부와 아이다호 주 동부에 걸쳐 있는 미국 최대, 최고의 국립공원이다. 황 성분이 포함된 물로 인해 바위가 누래서 옐로스톤이라는 이름이 붙었다. 이곳에는 뜨거운 지하수를 하늘 높이 내뿜는 많은 수의 간헐천을 비롯한 여러 종류의 온천들이 1만여 개나 있으며, 그중에서도 올드페이스풀(Old Faithful) 간헐천이 가장 유명하다. 간헐천뿐 아니라 강, 호수, 산, 숲, 협곡, 폭포 등 다양한 경관을 감상할 수 있는 자연의 보고이다. 또한 대초원에는 다양한 야생동물들이 보호되고 있다.

9. 요세미티 국립공원(Yosemite National Park)

캘리포니아 주 시에다네바다 산맥 서쪽에 있는 국립공원이다. 1890년 국립공원이 되었으며 1984년에는 유네스코 세계자연유산으로 지정되었다. 절벽, 폭포, 숲, 호수, 빙하, 목초지, 계곡, 산맥 등 다양한 지형으로 이루어져 있다. 가장 대표적인 명소는 하프 돔으로, 반구가 반만 남은 모양의 바위산이 시선을 사로잡는다. 자연이 잘 보호된 이곳에는 다양한 동식물들이 잘 보존되고 있다.

10. 러시모어 산(Mount Rushmore)

사우스 다코타 주와 와이오밍 주에 걸쳐 있는 블랙힐스라는 산악군이 대평원 속에 우뚝 솟아 있는데 러시모어 산은 그중 하나이다. 러시모어 산에는 4명의 위대한 미국 대통령의 얼굴이 조각되어 있다. 이 조각은 14년이라는 긴 시간에 걸쳐 만들어졌다. 러시모어 산에 새겨져 있는 대통령은 미국 초대 대통령 조지 워싱턴, 미국의 독립선언문을 기안한 토머스 제퍼슨, 노예 해방을 주도한 에이브러햄 링컨, 그리고 파나마운하 구축 등으로 미국의 위치를 세계적으로 올려놓은 시어도어 루즈벨트 등 네 명이다. 조각할 당시엔 다이너마이트로 깎아 내어 못과 망치로 다듬질을 하여 만들었다고 한다.

유창한 회화를
위한
기본 표현

일상적인 인사를 할 때

✪ 안녕하세요!
Hi / Hello!
하이 / 헬로우

✪ 안녕하세요! (아침/낮/밤)
Good morning(afternoon/evening)!
굿 모닝(앱터눈/이브닝)

✪ 잘 있었니. (친한 사람끼리)
Hi, there!
하이 데어

✪ 휴일 잘 보내셨어요?
Did you have a nice holiday?
디쥬 해버 나이스 할러데이

✪ 지난 주말은 어떻게 보내셨어요?
What did you do last weekend?
왓 디쥬 두 라슷 위켄-

✪ 날씨 참 좋죠?
(It's) Beautiful weather, isn't it?
잇스 뷰우터펄 웨더 이즌닛

우연히 만났을 때

✪ 아니 이게 누구세요!
Look who's here!
룩 후즈 히어

28

- 세상 정말 좁군요.
  What a small world!
  와러 스몰 월드

- 여기서 당신을 만나다니 뜻밖이군요.
  It's a pleasant surprise to see you here.
  잇쳐 플레즌트 서프라이즈 투 씨 유 히어

- 이곳에서 당신을 보리라곤 생각도 못했어요.
  I didn't expect to see you here.
  아이 디든 익스펙투 씨 유 히어

- 그렇지 않아도 당신을 만나고 싶었었는데요.
  You're just the man I wanted to see.
  유어 저슷 더 맨 아이 원팃 투 씨

- 여기에 어쩐 일로 오셨어요? (용무를 물어볼 때)
  What brings you here?
  왓 브링스 유 히어

- 우리 전에 만난 적이 있지 않습니까?
  We've met before, right?
  위브 멧 비훠 롸잇

UNIT 03 안녕을 물을 때

- 어떻게 지내세요?
  How are you doing?
  하- 아유 두잉

- 안녕, 어떻게 지내니?
  Hi, how are you?
  하이 하- 아유

☺ 별일 없으세요?
Anything new?
에니씽 뉴

☺ 오늘은 좀 어떠세요?
How do you feel today?
하우 두 유 휠 투데이

☺ 오늘 재미가 어떠세요?
How's your day going?
하우즈 유어 데이 고잉

☺ 어떻게 지내셨어요?
How have you been doing?
하우 해뷰 빈 두잉

☺ 일은 좀 순조롭게 진행되어 가나요?
Are you making any progress?
아유 메이킹 에니 프라그러스

UNIT
04   오랜만에 만났을 때

☺ 오랜만입니다.
Long time no see.
롱 타임 노 씨

☺ 여전하군요.
You haven't changed at all.
유 해븐 체인쥐드 애롤

☺ 참 오랜만이군요.
You've been quite a stranger.
유브 빈 콰잇러 스트레인져

✪ 몇 년 만에 뵙는군요.
I haven't seen you in years.
아이 해븐 씬 유 인 이어즈

✪ 세월 참 빠르군요.
Time flies.
타임 훌라이즈

✪ 보고 싶었어요.
I've missed you.
아이브 미스트 유

✪ 요즘 당신 보기 힘들군요.
I haven't seen much of you lately.
아이 해븐 씬 마취 어(브) 레잇리

UNIT
05
안부를 묻고 답할 때

✪ 가족들은 안녕하신지요?
How's your family?
하우즈 유어 훼멀리

✪ 가족들은 모두 잘 있습니까?
How's everybody at your house?
하우즈 에브리바디 앳 유어 하우스

✪ 모두들 잘 지내시는지요?
How's everyone getting along?
하우즈 에브리원 게링 얼롱

✪ 밀러 씨가 당신 안부를 전하더군요.
Mr. Miller asked me to give his regards to you.
미스터 밀러 에슥트 미 투 깁 히즈 리가즈 투 유

31

Chapter 02

소개할 때의 인사

처음 만났을때

✪ 처음 뵙겠습니다.
How do you do?
하우 두 유 두

✪ 만나서 반갑습니다.
Nice to meet you.
나이스 투 밋츄

✪ 알게 되어 기쁩니다.
I'm glad to know you.
암 글래드 투 노우 유

✪ 만나 뵙게 되어 영광입니다.
I'm honored to meet you.
암 아너드 투 밋츄

✪ 제가 오히려 반갑습니다.
The pleasure is mine.
더 플레져 이즈 마인

자신을 소개할 때

✪ 제 소개를 할까요?
May I introduce myself?
메아이 인트러듀스 마이셀흐

✪ 제 소개를 하도록 하겠습니다.
Perhaps I should introduce myself.
퍼햅스 아이 슈드 인트러듀스 마이셀흐

⭐ 저는 부모님과 함께 살고 있습니다.
I live with my parents.
아이 리브 윗 마이 페어런츠

⭐ 전 장남입니다.
I'm the oldest son.
암 더 올디스트 썬

⭐ 전 맏딸입니다.
I'm the oldest daughter.
암 디 올디스트 도-러

⭐ 전 독신입니다.
I'm single.
암 씽글

UNIT 03 소개시킬 때

⭐ 두 분이 서로 인사 나누셨습니까?
Have you met each other?
해뷰 멧 이취 아더

⭐ 김 씨, 밀러 씨하고 인사 나누세요.
Mr. Kim, meet Mr. Miller.
미스터 킴 밋 미스터 밀러

⭐ 이쪽은 제 동료인 토마스 씨입니다.
This is a colleague of mine, Mr. Thomas.
디씨저 칼리그 옵 마인 미스터 토마스

⭐ 제 친구 존슨 씨를 소개하겠습니다.
Let me introduce my friend, Mr. Johnson.
렛 미 인트러듀스 마이 후랜드 미스터 쟌슨

✪ 존슨 씨가 당신에 대해 자주 말씀하셨습니다.
Mr. Johnson often speaks of you.
미스터 쟌슨 오픈 스픽스 어뷰

✪ 오래 전부터 한번 찾아뵙고 싶었습니다.
I've been wanting to see you for a long time.
아이브 빈 원팅 투 씨 유 훠러 롱 타임

✪ 전에 한번 뵌 적이 있는 것 같습니다.
I think I've seen you before.
아이 씽 아이브 씬 유 비훠

UNIT 04   그밖에 소개에 관한 표현

✪ 서로 좋은 친구가 되었으면 합니다.
I hope we become good friends.
아이 홉 위 비컴 굿 프랜즈

✪ 말씀 많이 들었습니다.
I've heard so much about you.
아이브 허드 쏘 마취 어바웃츄

✪ 만나 뵙고 싶었습니다.
I wanted to see you.
아 원티드 투 씨 유

✪ 이건 제 명함입니다.
This is my business card.
디씨즈 마이 비즈니스 카드

✪ 명함 한 장 주시겠어요?
May I have your business card?
메아이 해뷰어 비즈니스 카드

Chapter 03 헤어질 때의 인사

UNIT 01 밤에 헤어질 때

✪ 잘 자요!
Good night!
굿 나잇

✪ 좋은 꿈 꾸세요!
Sweet dreams!
스윗 드림스

UNIT 02 기본적인 작별 인사

✪ 안녕히 가세요.
Good bye. / Bye.
굿바이 / 바이

✪ 다음에 뵙겠습니다.
See you later.
씨 유 래이러

✪ 그럼, 이만.
So long.
쏘 롱

✪ 또 봅시다.
I'll be seeing you!
알 비 씽 유

✪ 그래요. 그럼 그때 뵙겠습니다.
O.K. I'll see you then.
오케이 알 씨 유 덴

✿ 재미있는 시간 보내세요.
Have a good time.
해버 굿 타임

✿ 안녕히 계세요(살펴 가세요).
Take care.
테익 케어

✿ 재미있게 보내!
Enjoy yourself!
엔죠이 유어셀흐

✿ 즐겁게 보내게!
Have fun!
해브 훤

✿ 만나서 반가웠어요.
(It was) Nice meeting you!
(잇 워즈) 나이스 미팅 유

✿ 좀 더 자주 만납시다.
Let's meet more often.
렛스 밋 모어 오픈

✿ 살펴 가세요.
Take it easy!
테이킷 이지

✿ 그럼 거기서 봅시다.
See you there, then.
씨 유 데어 덴

✿ 조만간에 한번 만납시다.
Let's get together soon.
렛스 겟 투게더 쑨

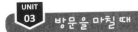

UNIT 03 방문을 마칠 때

⭐ 가봐야겠어요.
I guess I'll leave.
아이 게쓰 아윌 리브

⭐ 떠나려고 하니 아쉽습니다.
I'm sorry that I have to go.
암 쏘리 댓 아이 해브 투 고

⭐ 가봐야 할 것 같네요.
(I'm afraid) I have to go now.
(암 어후레이드) 아이 해브 투 고 나우

⭐ 이제 일어서는 게 좋을 것 같네요.
I'm afraid I'd better be leaving.
암 어후레이드 아이드 배러 비 리빙

⭐ 너무 늦은 것 같군요.
I'm afraid I stayed too long.
암 어후레이드 아이 스테이드 투 롱

⭐ 이제 가봐야겠습니다.
I must be going now.
아이 머슷 비 고잉 나우

⭐ 미안하지만, 제가 좀 급합니다.
I'm sorry, but I'm in a hurry.
암 쏘리 벗 암 이너 허리

⭐ 미안합니다만, 이제 일어서야 할 것 같아요.
I'm sorry, but I've got to be on my way.
암 쏘리 벗 아이브 가러 비 온 마이 웨이

⭐ 정말로 식사 잘 했습니다.
I really enjoyed the meal.
아이 륄리 인죠이드 더 밀

✿ 오늘 저녁 정말 즐거웠습니다.
I really had a pleasant evening.
아이 뤼리 해더 플레즌트 이브닝

✿ 멋진 파티 정말 고맙게 생각해요.
Thank you very much for a wonderful party.
탱큐 베리 마취 훠러 원더훨 파티

✿ 그럼, 다음에 뵐게요. 안녕히 계세요.
Well, see you later. Good bye.
웰 씨 유 래이러   굿 바이

UNIT
04
주인으로서의 작별 인사

✿ 방문해 주셔서 고맙습니다.
Thank you for coming.
땡큐 훠 커밍

✿ 좀 더 계시다 가시면 안 돼요?
Can't you stay a little longer?
캐앤 유 스테이 어 리를 롱어

✿ 지금 가신다는 말입니까?
Do you mean you're going now?
두 유 민 유어 고잉 나우

✿ 저녁 드시고 가시지 않으시겠어요?
Won't you stay for dinner?
원츄 스테이 훠 디너

✿ 오늘 즐거우셨어요?
Did you have a good time today?
디쥬 해버 굿 타임 투데이

✿ 다시 만날 수 있을까요?
Can we meet again?
캔 위 밋 어게인

✿ 또 오세요.
Come again.
컴 어게인

✿ 제가 바래다 드릴까요? (자동차로)
Can I give you a lift?
캔 아이 기뷰어 립트

✿ 가끔 전화 주세요.
Please call me any time.
플리즈 콜 미 에니 타임

✿ 거기에 도착하시는 대로 저한테 전화 주세요.
Phone me as soon as you get there.
폰 미 애즈 쑨 애즈 유 겟 데어

UNIT 05 안부를 전할 때

✿ 당신 아내에게 안부 좀 전해 주세요.
Please give my regards to your wife.
플리즈 깁 마이 리가즈 투 유어 와입

✿ 당신 가족에게 제 안부 좀 전해 주세요.
Say hello to your family for me.
세이 헬로우 투 유어 훼멀리 훠 미

✿ 가족들에게 안부 부탁합니다.
Send my regards to your family.
샌드 마이 리가즈 투 유어 훼멀리

Chapter 04 **고마움을 나타낼 때**

UNIT 01 기본적인 감사의 표현

★ 감사합니다.
Thank you. / Thanks.
땡큐   땡스

★ 대단히 감사합니다.
Thanks a lot.
땡스 어랏

★ 진심으로 감사드립니다.
I heartily thank you.
아이 하트리 땡큐

★ 여러모로 감사드립니다.
Thank you for everything.
땡큐 훠 에브리씽

★ 어떻게 감사를 드려야 할지 모르겠어요.
How can I ever thank you?
하우 캔 아이 에버 땡큐

★ 얼마나 감사한지 모르겠어요.
I can never thank you enough.
아이 캔 네버 땡큐 이넢

UNIT 02 고마움을 나타낼 때

★ 어쨌든 감사합니다.
Thank you anyway.
땡큐 에니웨이

✿ 큰 도움이 되었어요.
You've been a great help.
유브 비너 그레잇 핼프

✿ 정말 감사드립니다.
I appreciate it very much.
아이 어프리쉬에이릿 베리 마취

✿ 김 선생님, 제가 큰 은혜를 입었습니다.
You're doing me a big favor, Kim.
유어 두잉 미 어 빅 훼이버 킴

✿ 태워다 주셔서 감사합니다.
Thank you for giving me a lift.
땡큐 훠 기빙 미 어 리흐트

✿ 도와주셔서 감사합니다.
Thank you for your help.
땡큐 훠 유어 핼프

UNIT 03 배려에 대한 고마움을 나타낼 때

✿ 고맙습니다. 그거 좋지요.
Thank you, I'd like that.
땡큐 아이드 라익 댓

✿ 환대에 감사드립니다.
Thank you for your hospitality.
땡큐 훠 유어 하스피텔러티

✿ 여러모로 고려해 주셔서 정말 고맙게 생각합니다.
I appreciate your consideration.
아이 어프리쉬에잇 유어 컨시더레이션

✪ 보답해 드릴 수 있으면 좋겠어요.
I hope I can repay you for it.
아이 호파이 캔 리패이 유 훠릿

✪ 덕분에 저녁 시간 재미있었습니다.
Thank you very much for a nice evening.
땡큐 베리 마취 훠러 나이스 이브닝

✪ 동반해 주셔서 즐겁습니다.
I enjoy your company.
아이 인죠이 유어 컴퍼니

✪ 당신 덕분에 오늘 정말 재미있게 보냈습니다.
I had a wonderful time being with you.
아이 해더 원더훨 타임 빙 위(드)유

✪ 걱정해 주셔서 고맙습니다.
Thank you for your concern.
땡큐 훠 유어 컨선

UNIT 04 감사의 선물을 줄 때

✪ 자, 선물 받으세요.
Here's something for you.
히어즈 썸씽 훠 유

✪ 당신에게 드리려고 뭘 사왔어요.
I bought something for you.
아이 보트 썸씽 훠 유

✪ 당신에게 줄 조그만 선물입니다.
I have a small gift for you.
아이 해버 스몰 깁트 훠 유

✪ 이 선물은 제가 직접 만든 거예요.
This gift is something I made myself.
디스 깁트 이즈 썸씽 아이 메이드 마이셀흐

✪ 대단치 않지만 마음에 들었으면 합니다.
It isn't much but I hope you like it.
잇 이즌 마취 버라이 호퓨 라이킷

✪ 보잘것없는 것이지만 받아 주십시오.
Kindly accept this little trifle.
카인드리 억셉 디스 리를 트라이휠

UNIT 05 감사의 선물을 받을 때

✪ 이건 바로 제가 갖고 싶었던 거예요.
This is just what I wanted.
디씨즈 저슷 와라이 원티드

✪ 당신은 정말 사려 깊으시군요.
How thoughtful of you!
하우 쏘웃휠 어뷰

✪ 무엇 때문이죠?
What for?
왓 훠

✪ 당신의 선물을 무엇으로 보답하죠?
What shall I give you in return for your present?
왓 셀 아이 기뷰 인 리턴 휘 유어 프레즌트

✪ 훌륭한 선물을 주셔서 대단히 고맙습니다.
Thank you very much for your nice present.
땡큐 베리 마취 휘 유어 나이스 프레즌트

✪ 천만에요.
You're welcome.
유어 웰컴

✪ 원 별말씀을요(천만의 말씀입니다).
Don't mention it.
돈 맨셔닛

✪ 그렇게 말씀해 주시니 고맙습니다.
It's very nice of you to say so.
잇스 베리 나이스 어뷰 투 쎄이 쏘

✪ 제가 오히려 즐거웠습니다.
The pleasure's all mine.
더 플레져스 올 마인

✪ 대단한 일도 아닙니다(별것 아닙니다).
No big deal.
노 빅 딜

✪ 그것은 아무것도 아닙니다.
It's nothing.
잇스 낫씽

✪ 나한테 감사할 것까지는 없습니다.
No need to thank me.
노 니드 투 쌩크 미

✪ 이젠 괜찮습니다. 고맙습니다.
I'm all right now. Thank you.
암 올 롸잇 나우   땡큐

Chapter 05 사죄·사과를 할 때

UNIT 01 사과·사죄를 나타낼 때

✪ 실례합니다(미안합니다).
Excuse me.
익스큐즈 미

✪ 실례했습니다. 사람을 잘못 봤습니다.
Excuse me. I got the wrong person.
익스큐즈 미 아이 가러 렁 퍼슨

✪ 미안합니다.
I'm sorry.
암 쏘리

✪ 정말 죄송합니다.
I'm really sorry.
암 륄리 쏘리

✪ 당신에게 사과드립니다.
I apologize to you.
아이 어팔러좌이즈 투 유

✪ 여러 가지로 죄송합니다.
I'm sorry for everything.
암 쏘리 훠 에브리씽

UNIT 02 행위에 대한 사과·사죄를 할 때

✪ 늦어서 미안합니다.
I'm sorry. I'm late.
암 쏘리 암 래잇

45

😊 그 일에 대해서 미안하게 생각하고 있습니다.
I feel sorry about it.
아이 휠 쏘리 어바우릿

😊 얼마나 죄송한지 모르겠습니다.
I can't tell you how sorry I am.
아 캐앤 텔 유 하우 쏘리 아이 엠

😊 오래 기다리게 해서 미안합니다.
I'm sorry to have you wait so long.
암 쏘리 투 해뷰 웨잇 쏘 롱

😊 기분을 상하게 해드리지는 않았는지 모르겠네요.
I hope I didn't offend you.
아이 호파이 디든 오휀드 유

😊 폐를 끼쳐서 죄송합니다.
I'm sorry to disturb you.
암 쏘리 투 디스터뷰

UNIT 03 실수를 범했을 때

😊 실수에 대해 사과드립니다.
I apologize for the mistake.
아이 어팔러좌이즈 훠 더 미스테익

😊 미안해요, 어쩔 수가 없었어요.
I'm sorry, I couldn't help it.
암 쏘리 아이 쿠든 헬핏

😊 그럴 생각은 추호도 없었습니다(고의가 아닙니다).
I didn't mean it at all.
아이 디든 미닛 애롤

베스트 여행 영어
완전정복

Chapter 01 출발, 도착

Unit 01. 기내에서

❶ 자리 찾기

바꿔 말하기

창문 좌석 입니다.

This is a window seat .

디스 이즈 (윈도우 씻)

비행기 기내

① 창문	② 승무원	③ 머리 위의 짐칸
window	**flight attendant**	**overhead bin**
윈도우	플라잇 어텐던트	오버헤드 빈
④ 에어컨	⑤ 조명	⑥ 모니터
air conditioner	**lighting**	**monitor**
에어 컨디셔너	라이링	마니터

⑦ 좌석(자리)	⑧ 구명조끼	⑨ 호출버튼
seat	**life jacket**	**call button**
씻	라입 재킷	콜 버튼
⑩ 안전벨트	⑪ 짐	⑫ 통로
safety belt	**luggage**	**aisle**
세이프리 벨트	러기쥐	아일
⑬ 비상구	⑭ 화장실	⑮ 이어폰
emergency exit	**restroom**	**earphones**
이머젼씨 엑씻	레스트룸	이어폰즈

핵심문장 익히기

- 제 자리입니다.
  This is my seat.
  디스 이즈 마이 씻

- 제 자리를 좀 안내해주세요.
  Please show me my seat.
  플리즈 쇼우 미 마이 씻

- 제 자리는 어디인가요?
  Where is my seat?
  웨어 이즈 마이 씻

- 창가[통로] 자리를 원해요.
  Can I get a window[an aisle] seat?
  캔 아이 겟 어 윈도우[언 아일] 씻

- 의자를 젖혀도 될까요?

  May I recline my seat?

  메이 아이 리클라인 마이 씻

- 자리를 좀 찾아주시겠어요?

  Could you help me find my seat?

  쿠쥬 헬 미 파인 마이 씻

- 오른쪽 앞에서 5번째 창가 좌석이십니다.

  It is fifth from the front, window seat on the right.

  잇 이즈 핍쓰 프럼 프런트 윈도우 씻 온 더 롸잇

- 짐을 올려주시겠어요?

  Can you help me put my bag up?

  쿠쥬 헬 미 풋 마이 백 업

- 죄송하지만 자리를 바꿔주실 수 있나요?

  Would you mind switching seats with us?

  우쥬 마인드 스위칭 씨츠 위더스

- 지나가도 될까요?

  Can I get through?

  캔 아이 겟 쓰루

❷ 기내 서비스

1. 승무원에게 서비스를 요구할 때

신문 주세요.

Could you bring me a newspaper , please?

쿠쥬 브링 미 어 (뉴스페이퍼) 플리즈

기내 서비스 물품

신문 newspaper 뉴스페이퍼	한글 **Korean** 코리안	영어 **English** 잉글리쉬	일어 **Japanese** 재패니스	중문 **Chinese** 차이니스

면세품 목록 **duty-free list** 듀티프리 리스트	잡지 **magazine** 매거진
담요 **blanket** 블랭킷	베개 **pillow** 필로우
입국카드 **customs card** 커스텀스 카드	티슈 **tissue** 티슈

51

A: 저기요. (승무원)
Excuse me, sir.
익스큐즈 미 썰

B: 무엇을 도와드릴까요?
May I help you?
메아이 헬퓨

A: (신문) 주세요.
Could you bring me a (newspaper)?
쿠쥬 브링 미 어 (뉴스페이펄)

핵심문장 익히기

• 언제 도착하나요?
When will we arrive at our destination?
웬 윌 위 얼라이브 앳 아워 데스티네이션

• 몸이 불편해요. 도와주세요
I feel sick, please help me.
아이 필 씩 플리즈 헬 미

2. 음료나 음식을 요청할 때

음료수 주세요.

Please bring me a drink .

플리즈 브링 미 어 (드링크)

음료, 식사 관련

음료수 **drink** 드링크	망고 주스 **mango juice** 맹고우 주스	콜라 **Coke** 코우크
오렌지주스 **orange juice** 어린쥐 쥬스	우유 **milk** 밀크	커피 **coffee** 커피
맥주 **beer** 비어	물 **water** 워러	기내식 **in-flight meal** 인플라잇 밀
포크 **fork** 포크	나이프 **knife** 나잎	젓가락 **chopsticks** 찹스틱스

▶ **기내 서비스 – 음료 또는 음식**

A: 무엇으로 드시겠어요?

What would you like?

왓 우쥬 라익

어떤 음료수를 드시겠어요?

What would you like to drink?

왓 우쥬 라익 투 드링크

B: 어떤 요리가 있나요?

What kind of food do you have?

왓 카인덥 푸드 두 유 햅

A: 닭고기와 소고기 요리가 있습니다.

We have two choices of chicken and beef.

위 해브 투 초이시스 오브 치킨 앤 비프

B: 닭고기 요리 주세요.

Chicken, please.

치킨 플리즈

고맙지만 식사 안 할게요.

Thanks but I don't need any food.

땡스 벗 아이 돈 니드 애니 푸드

A: 치워드릴까요?

Can I take this?

캔 아이 테익 디스

B: 치워주세요.

Yes, please.

예스 플리즈

나중에 치워주세요.

Please come back later.

플리즈 컴 백 레이러

잘 먹었습니다.

Thanks for the meal.

땡스 포 더 밀

와인 한 잔 더 주세요.

Please give me another glass of wine.

플리즈 깁미 어너더 글라스 오브 와인

좀 더 주세요.

Please give me some more.

플리즈 깁미 썸 모어

3. 기내 면세품을 구입할 때

바꾸 말하기

담배 주세요.

Please bring me a cigarette .

플리즈 브링 미 어 (씨거렛)

기내 면세품

담배 **cigarette** 씨거렛	술 **alcohol** 앨커헐	화장품 **cosmetics** 코스메틱스
향수 **perfume** 퍼퓸	손목시계 **wristwatch** 리슷와취	목걸이 **necklace** 넥클러스

55

- 이것으로 주세요.

Please bring me this.

플리즈 브링 미 디스

- 면세품 판매는 언제 하나요?

When do you sell duty-free goods?

웬 두 유 셀 듀티 프리 굿즈

- 카탈로그를 보여주시겠어요?

Could you show me the catalog?

쿠쥬 쇼우 미 더 캐탈로그

- 가격이 얼마예요?

How much is this?

하우 머취 이즈 디스

입국카드

DEPARTMENT OF HOMELAND SECURITY
U.S. Customs and Border Protection

OMB No. 1651-0111

미국에 오신 것을 환영합니다
I-94 입국/출국 기록
작성 지침

미국 국민, 미국 영주권자, 이민비자를 소지한 외국인, 미국을 방문 또는 통과자는
캐나다 국민을 제외한 모든 입국자는 본 양식을 작성해야 합니다.
<u>또한 영문으로</u> 정확히 읽을 수 있도록 작성하십시오. 영어만 쓰시고 양식의 뒷면에는
기입하지 마십시오.

이 양식은 두 부분으로 구성되었습니다. 입국 기록(항목 1 에서 17 까지)과 출국 기록(항목
18 에서 21 까지)를 모두 작성하십시오.

모든 항목을 작성한 후 이 양식을 CBP 직원에게 제출하십시오.

항목 9 - 육로를 통해서 미국에 입국하는 경우, 여기에 LAND를 기입하십시오.
선박을 이용해서 미국에 입국하는 경우, 여기에 SEA를 기입하십시오.

5 U.S.C. § 552a(e)(3) 개인정보보호법 통지: 이 양식에서 수집된 정보는 INA (8 U.S.C. 1103, 1187), 8 CFR 235.1,
264. 그리고 1235.1 자 포함된 미국법에 제 8 권에 의해 요구됩니다. 이 정보수집의 목적은 외국인
비미민 자에게 입국비자 조건을 알리고 해당 외국인의 미국 출입국 및 출국을 기록하기 위함입니다. 이 양식에
기록된 정보는 입국 허용을 위해 미국정부의 다른 부서나 국토안보부가 귀하의 미국입국 여부를 결정하는데
사용할 수 있도록 제공될 수 있습니다 미국에 입국하고자 하는 모든 사람은 비자빈드는 방드로 면제되지
않은 이상 빈드시 이 정보를 제공해야 합니다. 이 정보를 제공하지 않을 경우 귀하의 미국입국이 거부되거
통상지로 수반되는 분자가 발생할 수 있습니다.

CBP Form I-94 (05/08)

OMB No. 1651-0111

입국 기록

접수 번호

`150643671  22`

1. 성	**01** HONG	
2. 이름	**02** KIL DONG	3. 생년월일(일/월/년) **03** 100882
4. 국적	**04** KOREA	5. 성별(남성 또는 여성) **05** MALE
6. 여권 발급일 (일/월/년) **06** 241111	7. 여권 유효기간 (일/월/년) **07** 241111	
8. 여권 번호 **08** BS123456	9. 항공사/선박 항공편 번호 **09** KE018	
10. 거주 국가 **10** KOREA	11. 탑승한 도시 이름 **11** ROK	
12. 비자발급일 발급 도시 **12** BUSAN	13. 비자발급일(일/월/년) **13** 241210	

14. 미국 거주 기간 동안의 주소(번지 및 거리명 이용)
14 1813 WLSHIRE BOULEVARD

15. 도시 및 주
15 LOSANGELED BOULEVARDRE BOULEVARD

16. 미국 거주 기간 동안의 전화번호 **16** 123-456-7890

17. 이메일 주소 **17** HONG@NAVER.COM

CBP Form I-94 (05/08)

DEPARTMENT OF HOMELAND SECURITY
U.S. Customs and Border Protection

OMB No. 1651-0111

출국 기록

접수 번호

`150643671  22`

18. 성 **18** HONG		
19. 이름 **19** KIL DONG	20. 생년월일 **20** 200960	
21. 국적 **21** KOREA		

입국카드(앞면)

DEPARTMENT OF THE TREASURY
UNITED STATES CUSTOMS SERVICE

Customs Declaration

19 CFR 122.27, 148.12, 148.13, 148.110,148.111, 1498; 31 CFR 5316

FORM APPROVED
OMB NO. 1515-0041

Each arriving traveler or responsible family member must provide the following information (only ONE written declaration per family is required):

1. Family **Name**

   First *(Given)*   Middle

2. **Birth date**   Day   Month   Year

3. Number of **Family members** traveling with you

4. (a) U.S. Street **Address** (hotel name/destination)

   (b) City   (c) State

5. **Passport issued by** (country)

6. **Passport number**

7. Country of **Residence**

8. **Countries visited** on this trip prior to U.S. arrival

9. **Airline/Flight No. or Vessel Name**

10. The primary purpose of this trip is **business**:   Yes   No

11. I am (We are) bringing

    (a) fruits, plants, food, insects: Yes   No

    (b) meats, animals, animal/wildlife products: Yes   No

    (c) disease agents, cell cultures, snails: Yes   No

    (d) soil or have been on a farm/ranch/pasture: Yes   No

12. I have (We have) been in close proximity of (such as touching or handling) **livestock**:   Yes   No

13. I am (We are) carrying **currency or monetary instruments** over $10,000 U.S. or foreign equivalent: (see definition of monetary instruments on reverse)   Yes   No

14. I have (We have) **commercial merchandise**: (articles for sale, samples used for soliciting orders, or goods that are not considered personal effects)   Yes   No

15. **Residents — the total value of all goods**, including commercial merchandise I/we have purchased or acquired abroad, (including gifts for someone else, but not items mailed to the U.S.) and am/are bringing to the U.S. is: $

    Visitors — the total value of all articles that will remain in the U.S., including commercial merchandise is: $

Read the instructions on the back of this form. Space is provided to list all the items you must declare.

I HAVE READ THE IMPORTANT INFORMATION ON THE REVERSE SIDE OF THIS FORM AND HAVE MADE A TRUTHFUL DECLARATION.

X

(Signature)   Date (day/month/year)

입국카드(뒷면)

U.S. Customs and Border Protection
Welcomes You to the United States

U.S. Customs and Border Protection is responsible for protecting the United States against the illegal importation of prohibited items. CBP officers have the authority to question you and to examine you and your personal property. If you are one of the travelers selected for an examination, you will be treated in a courteous, professional, and dignified manner. CBP Supervisors and Passenger Service Representatives are available to answer your questions. Comment cards are available to compliment or provide feedback.

Important Information

U.S. Residents — declare all articles that you have acquired abroad and are bringing into the United States.

Visitors (Non-Residents) — declare the value of all articles that will remain in the United States.

Declare all articles on this declaration form and show the value in U.S. dollars. For gifts, please indicate the retail value.

Duty — CBP officers will determine duty. U.S. residents are normally entitled to a duty-free exemption of $800 on items accompanying them. Visitors (non-residents) are normally entitled to an exemption of $100. Duty will be assessed at the current rate on the first $1,000 above the exemption.

Controlled substances, obscene articles, and toxic substances are generally prohibited entry. Agriculture products are restricted entry.

Thank You, and Welcome to the United States.

The transportation of currency or **monetary instruments**, regardless of the amount, is legal. However, if you bring in to or take out of the United States more than $10,000 (U.S. or foreign equivalent, or a combination of both), you are required by law to file a report on FinCEN 105 (formerly Customs Form 4790) with U.S. Customs and Border Protection. Monetary instruments include coin, currency, travelers checks and bearer instruments such as personal or cashiers checks and stocks and bonds. If you have someone else carry the currency or monetary instrument for you, you must also file a report on FinCEN 105. Failure to file the required report or failure to report the *total* amount that you are carrying may lead to the seizure of *all* the currency or monetary instruments, and may subject you to civil penalties and/or criminal prosecution. SIGN ON THE OPPOSITE SIDE OF THIS FORM AFTER YOU HAVE READ THE IMPORTANT INFORMATION ABOVE AND MADE A TRUTHFUL DECLARATION.

Description of Articles (List may continue on another CBP Form 6059B)	Value	CBP Use Only
Total		

Unit 02. 입국 심사

❶ 입국 심사관과의 대화 1

바꿔말하기

> 관광 이에요.
> **I'm here for sightseeing .**
> 아임 히얼 포 (싸이트씨잉)

입국심사 1

사업차 **(on) business** (온) 비즈니스	여행, 관광 **travel, sightseeing**  트레블, 싸이트씨잉	회의 **conference** 칸퍼런스
취업 **work** 워크	거주 **taking residence** 테이킹 레지던스	친척 방문 **visiting relatives** 비지링 렐러티브스
공부 **study** 스터디	귀국 **returning home** 리터닝 홈	휴가 **vacation** 베케이션

▶ **방문 목적에 대해**

A: 방문 목적은 무엇입니까?
What is the purpose of your visit?
왓 이즈 더 퍼포저브 유어 비짓

B: (사업차)예요.
I'm here on (business).
아임 히얼 온 (비즈니스)

60

❷ 입국 심사관과의 대화 2

바꿔말하기

호텔 에서 머무를 거예요.

I will stay at the hotel .

아이 윌 스테이 앳 더 (호텔)

입국심사 2

호텔 **hotel** 호텔	친척 집 **relative's house** 렐러티브스 하우스
친구 집 **friend's house** 프렌즈 하우스 	

핵심 단어

미정입니다.

I have not decided where I am staying.

아이 해브 낫 디사이디드 웬 아이 앰 스테잉

▶ 체류지에 대해

A: 어디서 머무시나요?

Where are you going to stay?

웨어 아 유 고잉 투 스테이

B: 뉴욕에 있는 (힐튼 호텔)에 머무를 것입니다.

I will stay at the (Hilton Hotel) in New York.

아이 윌 스테이 앳 더 (힐튼 호텔) 인 뉴 욕

❸ 입국 심사관과의 대화 3

A: 여권을 보여주시겠어요?
Please show me your passport.
플리즈 쇼 미 유어 패스포트

B: 여기 있습니다.
Here it is.
히어 잇 이즈

A: 어느 나라에서 왔나요?
Where are you from?
웨어 아 유 프럼

B: (한국)에서 왔어요.
I am from (Korea).
아이 앰 프럼 (코리아)

A: 며칠 정도 머물 생각인가요?
How long will you stay?
하우 롱 윌 유 스테이

B: (일주일) 머물 거예요.
I will stay for (a week).
아일 스테이 포 (어 위크)

A: 돌아가는 항공권을 가지고 있나요?
Do you have a return ticket?
두유 해브 어 리턴 티켓

B: 네./아니요.
Yes./ No.
예스/노우

A: 현금은 얼마나 가지고 있나요?
How much cash do you have?
하우 머취 캐쉬 두 유 해브

B: (500달러) 가지고 있어요.
I have (500 dollars).
아이 해브 (파이브 헌드레드 달러스)

A: 이 나라는 처음이세요?
Is this your first visit to this country?
이즈 디스 유어 퍼스트 비짓 투 디스 컨트리

B: 네./아니요.
Yes./ No.
예스/노우

Unit 03. 수화물 찾기

❶ 수화물을 찾을 때

수화물을 못 찾겠어요.

I cannot find my baggage .

(아이 캔 낫 파인드 마이 배기쥐)

수화물 찾기

수화물을 분실했어요.
**I've lost
my baggage.**
아이 로스트 마이 배기쥐

수화물이 바뀌었어요.
**My baggage has been
switched with another
person's.**
마이 배기쥐 해즈 빈
스위치드 위드 어나더 펄슨스

▶ 수화물 찾는 곳을 물을 때

A: 수화물 찾는 곳이 어디 있나요?.
Where is the baggage claim area?
웨어 이즈 더 배기쥐 클레임 에어리어

B: 어느 비행기로 오셨습니까?
On what flight did you arrive?
온 왓 플라이트 디쥬 어라이브

A: E64편 비행기로 왔습니다.
I was on the E64.
아이 워즈 온 디 이 씩스티 포

B: 저쪽으로 가세요.
Please go there.
플리즈 고우 데어

핵심문장 익히기

- 카트가 어디 있나요?
  Where is the cart?
  웨어 이즈 더 카트

- 유실물 관리 사무소가 어디죠?
  Where is the lost & found office?
  웨어 이즈 더 로스트 앤 파운드 오피스

- 저의 수화물 인환증입니다.
  This is my baggage claim tag.
  디스 이즈 마이 배기쥐 클레임 택

- 수화물이 파손됐어요.
  My baggage is damaged.
  마이 배기쥐 이즈 데미지드

- 수화물이 나오지 않았어요.
  My baggage has not come out.
  마이 배기쥐 해즈 낫 컴 아웃

- 분실 신고를 할게요.
  I'd like to report my baggage missing.
  아이드 라익투 리폿 마이 배기쥐 미싱

- 보상해주세요.
  You have to pay for my baggage.
  유 해브 투 페이 포 마이 배기쥐

❷ 세관원과의 대화

바꿔 말하기

이것은 선물 입니다.

This is a gift .

디스 이즈 어 (기프트)

개인 물품

개인 소지품 **personal belongings** 퍼스널 빌롱잉스		선물 **gift** 기프트	

▶ 세관원과 대화할 때

A: 여권과 신고서를 보여주세요.

Please show me your passport and declaration form.

플리즈 쇼우 미 유어 패스포트 앤 데클러레이션 폼

신고할 물건이 있나요?

Do you have anything to declare?

두 유 해브 애니씽 투 디클레어

B: 신고할 물건이 있습니다.

I have something to declare.

아이 헤브 썸씽 투 디클레어

신고할 물건이 없습니다.

I have nothing to declare.

아이 헤브 낫씽 투 디클레어

66

A: 가방을 열어주시겠어요?
Could you open your bag?
쿠쥬 오픈 유어 백

B: 이것은 (개인 소지품)입니다.
These are (my personal belongings).
디즈 아 (마이 퍼스널 빌롱잉스)

Unit 04. 공항에서

한화 를 달러 로 환전해주세요.

Please exchange Korean won into dollars .

플리즈 익스체인지 (코리안 원) 인투 (달러스)

지폐와 동전

여행자 수표 **traveller's check** 트레벌러스 체크		엔화 **Japanese Yen** 제패니즈 엔	
달러 **dollar** 달러		한화 **Korean won** 코리안 원	
현금 **cash** 캐쉬		수표 **check** 체크	
지폐 **bill** 빌		동전 **coin** 코인	

▶ 환전을 할 때

A: (한국돈)을 (달러)로 환전해주세요.

Please exchange (Korean money) into (dollars).

플리즈 익스체인지 (코리안 머니) 인투 (달러스)

B: 금일자 환율이 1100이네요.

Today's exchange rate is 1100 won per one dollar.

투데이스 익스체인지 레잇 이즈 원싸우젼헌드레드 원 퍼 원 달러

어떻게 바꿔드릴까요?

How would you like it?

하우 우쥬 라이킷

A: (돈을 건네며) 20달러 다섯 장하고 나머지는 잔돈으로 주세요.

Could you give me five twenties and the rest in small bills?

쿠쥬 기브 미 파이브 트웬티스 앤 더 레스트 인 스몰 빌스

(100달러), (10달러) 섞어주세요.

Some (100 dollar) bills and some (10 dollar) bills, please.

썸 (원헌드레드 달러) 빌스 앤 썸 (텐 달러) 빌스 플리즈

(10달러) (5장) 주세요.

(Five) (tens), please.

(파이브) (텐스) 플리즈

B: 신분증을 주시겠어요?

Could you show me your ID card?

쿠 쥬 쇼우 미 유어 아이디 카드

핵심문장 익히기

- 환전은 어디에서 하나요?

Where can I exchange money?

웨어 캔 아이 익스체인지 머니

- 영수증을 주시겠어요?

Can I have the receipt?

캔 아이 해브 더 리씻

- 환전하려고 하는데, 외환은행이 어디에 있나요?

Where is Korea Exchange Bank? I'd like to change money.

웨어 이즈 코리아 익스체인지 뱅크 아이드 라익투 체인지 머니

여행관련자료

지하철노선도 **subway map** 써브웨이 맵	관광지도 **tourist map** 투어리스트 맵	여행안내 책자 **travel brochure** 트레블 브로슈어
한국어 팸플렛 **booklet in Korean** 북렛 인 코리언	시내지도 **city map** 씨리 맵	버스 시간표 **bus schedule** 버스 스케쥴
버스 노선도 **bus route map** 버스 루트 맵	호텔 리스트 **hotel list** 호텔 리스트	버스 투어 안내서 **guide** 가이드

▶ **지하철 노선도 등을 달라고 할 때**

A: (지하철 노선도) 있나요?

Do you have a (subway map)?

두 유 해브 어 (써브웨이 맵)

B: 있습니다. / 없습니다.

Yes, we do. / No, we don't.

예스 위 두 / 노우 위 돈트

핵심문장 익히기

- ~ 가는 교통편을 알려주세요.

Could you tell me the way to ~?

쿠쥬 텔 미 더 웨이 투 ~

- 여기에서 호텔을 예약할 수 있나요?

Can I reserve a hotel room here?

캔 아이 리저브 어 호텔 룸 히어

- 한국어 하시는 분 계세요?

Is there anyone who can speak Korean?

이즈 데어 애니원 후 캔 스픽 코리언

핵심 단어

출발입구 **departure gate** 디파처 게잇	도착입구 **arrival gate** 얼라이벌 게잇	
국내선 **domestic flight** 더메스틱 플라잇	탑승 수속 중 **now boarding** 나우 보딩	
환승 비행기 **connecting flight** 커넥팅 플라잇	지연 **delayed** 딜레이드	공석 대기 **stand by** 스탠바이

Chapter 02 교통

Unit 01. 장소나 길 묻기

❶ 장소를 찾을 때

바꾸어 말하기

리무진버스 정류장 이 어디에 있나요?

Where is the airport limousine bus station ?

웨어 이즈 디 (에어포트 리무진 버스 스테이션)

근처에 매표소 가 있나요?

Is there a ticket office near here?

이즈 데어 어 (티킷 오피스) 니어 히어

대중교통, 공용시설

시외버스 터미널	관광버스 터미널	여객 터미널
intercity bus terminal	**tour bus terminal**	**passenger terminal**
인터시티 버스 터미널	투어버스 터미널	패신져 터미널

리무진버스 정류장	버스 정류장	택시 정류장
airport limousine bus station	**bus stop**	**taxi stand**
에어포트 리무진 버스 스테이션	버스 스탑	택시 스탠드

73

공항 **airport** 에어포트	열차역 **train station** 트레인 스테이션	지하철역 **subway station** 서브웨이 스테이션
주차장 **parking lot** 파킹 랏	비상구 **emergency exit** 이머전시 엑씨트	엘리베이터 **elevator** 엘리베이터
매표소 **ticket office** 티킷 어피스	렌터카 카운터 **rent a car desk** 렌터 카 데스크	입구/출구 **entrance/exit** 엔터런스/엑시트
예약 창구 **reservation window** 레저베이션 윈도우		환불 창구 **refund window** 리펀드 윈도우 

핵심문장 익히기

- 말씀 좀 묻겠습니다.

  Excuse me. Can I ask you something?

  익스큐즈 미 캔 아이 애스큐 썸씽

- ～까지 어떻게 가나요?

  How do I get to ~?

  하우 두 아이 겟 투 ～

- ～까지 가는 데 시간이 얼마나 걸리나요?

How long does it take to get to ~?

하우 롱 더즈 잇 테익 투 겟 투 ～

- 어떻게 가면 가장 빠르나요?

What's the fastest way to get there?

왓츠 더 패스티스트 웨이 투 겟 데어

- 걸어서 갈 수 있나요?

Can I get there on foot?

캔 아이 겟 데어 온 풋

- 걸어서 얼마나 걸리나요?

How long does it take to walk?

하우 롱 더즈 잇 테이크 투 웍

- 여기서 먼가요?

Is it far from here?

이즈 잇 파 프롬 히어

❷ 길을 찾을 때

여기에서 직진하세요.

Go straight from here .

고우 스트레이트 (프롬 히어)

전봇대에서 왼쪽으로 도세요.

Turn left at the telephone pole .

턴 레프트 (앳 더 텔레폰 폴)

방향, 장소

여기 / 저기(에서) **(from) here/there** (프럼) 히어/데어	사거리에서 **at the intersection** 앳 디 인터쎅션
건물에서 **at the building** 앳 더 빌딩	골목에서 **at the alley** 앳 디 앨리
모퉁이에서 **at the corner** 앳 더 코너	삼거리에서 **at the three-way intersection** 앳 더 쓰리웨이 인터섹션

핵심단어

동서남북 **four cardinal directions** 포 카디널 디렉션스	이쪽/저쪽/오른쪽/왼쪽/앞/뒤 **this way / that way / right / left / front / back** 디스 웨이 / 댓 웨이 / 라이트 / 레프트 / 프론트 / 백

바꾸어말하기

다리를 건너세요.

Cross the bridge .

크로스 더 (브릿지)

도와주세요. 길을 잃어버렸어요 .

Please help me. I'm lost .

플리즈 헬프 미 (아임 로스트)

횡단보도 **crosswalk** 크로스웍	길 **road** 로드
길을 잃어버렸어요. **I'm lost.** 아임 로스트	여기가 어딘지 모르겠어요. **I don't know where I am.** 아이 돈 노우 웨어 아이 앰

▶ **길을 물을 때**

A: 거기 가려면 어떻게 가야 하나요?

How do I get there?

하우 두 아이 겟 데어

B: (여기에서) 직진하다가 (다리) 건너세요.

Go straight (from here) and cross the (bridge).

고 스트레잇 (프럼 히어) 앤 크로스 더 (브릿지)

A: 걸어가기에 가까운 거리입니까?
Is it close enough to walk there?
이즈 잇 클로즈 이넙 투 웍 데어

B: 네, 걸어갈 수 있습니다. / 아니요, 차를 타야 합니다.
Yes, you can walk there. / No, you have to take a car.
예스 유 캔 웍 데어 노 유 해브 투 테익 어 카

A: 감사합니다.
Thank you.
쌩큐

B: 그냥, 제가 데려다드릴게요. 저를 따라오세요.
I will take you there. Please follow me.
아 윌 테익 유 데어 플리즈 팔로우 미

핵심문장 익히기

- 버스를 잘못 탔어요.
  I took the wrong bus.
  아이 툭 더 렁 버스

- 여기가 어디인가요?
  Where are we?
  웨어 아 위

- 지도에 위치를 알려주세요.
  Please point at the location on a map.
  플리즈 포인트 앳 더 로케이션 온 어 맵

78

- 약도를 그려주시겠어요?

Could you draw me a rough map?

큐쥬 드러 미 어 러프 맵

- 도와주셔서 감사합니다.

Thank you for your help.

땡큐 포 유어 헬프

Unit 02. 택시

이곳 으로 가주세요.

Take me to this place , please.

테익 미 투 (디스 플레이스) 플리즈

장소

이곳
this place
디스 플레이스

이 주소
this address
디스 어드레스

▶ 택시를 탈 때

A: 택시
  Taxi!
  택시

B: 어디까지 가세요?
  Where to?
  웨어 투

A: (이곳)으로 가주세요.
  (This place), please.
  (디스 플레이스) 플리즈

B: 어떤 길로 갈까요?
  Which way should I take?
  위치 웨이 슈다이 테익

A: 가장 가까운 길로 가주세요.

Please take the shortest way.

플리즈 테익 더 쇼리스트 웨이

여기서 세워주세요.

Please stop here.

플리즈 스탑 히어

얼마예요?

How much is it?

하우 머치 이즈 잇

영수증을 주세요.

Can I have a receipt?

캔 아이 해버 리씻

핵심문장 익히기

- 트렁크를 열어주세요.
  Please open the trunk.
  플리즈 오픈 더 트렁크

- 서둘러주시겠어요?
  Could you please hurry?
  쿠쥬 플리즈 허리

- 여기서 기다려주세요.
  Please wait for me here.
  플리즈 웨잇 포 미 히어

- 택시를 불러주세요.

Please call a taxi for me.

플리즈 콜 어 택시 포 미

- 거스름돈을 주세요.

Give me the change, please.

깁미 더 체인지 플리즈

- 거스름돈은 됐어요.

Keep the change.

킵 더 체인지

Unit 03. 버스

❶ 시내버스 / 시외버스

바꿔 말하기

저것은 ｜ 시내버스 ｜ 입니다.
That is a city bus .
댓 이즈 어 (씨리 버스)

버스 종류 I

시내버스 **city bus** 씨리 버스	트롤리버스 **trolley bus** 트롤리 버스
이층버스 **double-decker bus** 더블 데커 버스	소형버스 **micro bus** 마이크로 버스
시외버스 **intercity bus** 인터씨리 버스	

▶ **버스표를 구입할 때**

A: 뉴욕 가는 제일 빠른 차 몇 시에 있나요?
   What time is the fastest bus to New York?
   왓 타임 이즈 더 패스티스트 버스 투 뉴요크

B: 2시에 있어요.
   At 2 P.M.
   앳 투 피엠

A: (시외버스) 표 2장 주세요.
Two tickets for the (intercity bus), please.
투 티켓츠 포 디 (이너씨리 버스) 플리즈

B: 보험에 가입하시겠어요?
Do you want insurance?
두 유 원트 인슈런스

A: 네, 가입해주세요.
Yes, please.
예스 플리즈

필요 없어요.
No, thanks.
노 땡스

핵심문장 익히기

- ~에 가려면 몇 번 버스를 타야 하나요?
Which bus do I get on to get there?
위치 버스 두 아이 게론 투 겟 데어

- 이 버스는 ~에 갑니까?
Does this bus go to ~?
더즈 디스 버스 고 투 ~

- ~에 가는 표 주세요.
A ticket to ~, please.
어 티켓 투 ~ 플리즈

- ～에 가는데 어디에서 내리나요?

Which stop do I get off to go to ~?

위치 스탑 두 아이 게로프 투 고 투 ～

- ～에 가려면 갈아타야 하나요?

Do I have to transfer for ~?

두 아이 헤브 투 트렌스퍼 포

- ～에 가려면 어디에서 갈아타나요?

At which stop do I transfer for ~?

앳 위치 스탑 두 아이 트랜스퍼 포

- 언제 내릴지 알려주세요.

Please let me know when to get off.

플리즈 렛 미 노우 웬 투 겟 어프

- 여기에서 내리세요.

Get off at this stop, please.

겟 어프 엣 디스 스탑 플리즈

- 버스를 잘못 타셨습니다.

You took the wrong bus.

유 툭 더 렁 버스

- 대기실이 어디인가요?

Where is the waiting room?

웨어 이즈 더 웨이팅 룸

- 이 차는 고속도로로 가나요?

Does this bus go on the highway?

더즈 디스 버스 고우 온 더 하이웨이

- 직행버스인가요?

Is this a nonstop bus?

이즈 디스 어 논스탑 버스

핵심 단어		
고속버스 **express bus** 익스프레스 버스		직행버스 **nonstop bus** 논스탑 버스
매일 **every day** 에브리 데이	격일 **every other day** 에브리 아더 데이	수시로 **frequently** 프리퀀틀리

❷ 관광버스 투어

바꿔말하기

당일치기 관광버스 투어 있나요?

Is there a one-day bus tour?

이즈 데어러 (원 데이) 버스 투어

기간	
반나절 **half-day** 하프 데이	당일치기 **one-day** 원 데이

| 2일 **two-day** 투 데이  | 3일 **three-day** 쓰리 데이 |

바꿔말하기

오전 관광버스 투어 있어요?

Is there a morning bus tour?

이즈 데어러 (모닝) 버스 투어

시간

| 오전 **morning** 모닝 | 오후 **afternoon** 애프터눈 |

▶ **관광버스 투어를 문의할 때**

A: 오늘 관광투어 할 수 있나요?

Can I take a tour today?

캔 아이 테이커 투어 투데이

B: 네, 가능해요.

Yes, you can.

예스 유 캔

A: (당일치기) 관광버스 투어 있나요?

Is there a (one-day) bus tour?

이즈 데어러 (원 데이) 버스 투어

B: 네, 투어에 참가하시겠습니까?

Yes, would you like to join the tour?

예스 우쥬 라익 투 조인 더 투어

A: 네, 투어에 참가하고 싶어요.
Yes, I would.
예스 아이 우드

B: 어떤 투어에 참가하시겠어요?
What kind of tour route do you want?
왓 카인 어브 투어 루트 두 유 원트

A: 시내관광을 하고 싶어요.
I'd like to take a city tour.
아이드 라익투 테이커 씨리 투어

핵심문장 익히기

- 야간 관광버스 투어 있나요?
  Is there a night bus tour?
  이즈 데어러 나잇 버스 투어

- 일정을 알려주세요.
  Please let me know the schedule.
  플리즈 렛 미 노우 더 스케줄

- 신청은 어디에서 하나요?
  Where can I sign up for tour?
  웨어 캔 아이 싸인 업 포 투어

- 출발은 언제 하나요?
  When do we leave?
  웬 두 위 리브

88

- 출발은 어디에서 하나요?
  Where do we leave?
  웨어 두 위 리브

- 몇 시에 출발하나요?
  What time do we leave?
  왓 타임 두 위 리브

- 몇 시에 돌아오나요?
  What time do we come back?
  왓 타임 두 위 컴 백

- ～까지 몇 시간 걸리나요?
  How many hours to ~?
  하우 매니 아워즈 투 ～

- 식사가 포함되나요?
  Does it include meals?
  더 짓 인클루드 밀즈

- 요금은 얼마인가요?
  How much is the tour?
  하우 머치 이즈 더 투어

- 한국인 가이드는 있나요?
  Do you have Korean guides?
  두 유 해브 코리안 가이즈

버스 안에서

- 여기에서 얼마나 머무나요?

  How long do we stay here?

  하우 롱 두 위 스테이 히어

- 자유시간은 있나요?

  Do we have free time?

  두 위 해브 프리 타임

- 몇 시에 버스로 돌아오면 되나요?

  What time do we return to the bus?

  왓 타임 두 위 리턴 투 더 버스

Unit 04. 지하철

바꿔말하기

이것은 | 1호선 | 입니다.
This is line no.1 .
디스 이즈 (라인 넘버 원)

지하철 노선

1호선 **line no.1** 라인 넘버 원	2호선 **line no.2** 라인 넘버 투	3호선 **line no.3** 라인 넘버 쓰리
4호선 **line no.4** 라인 넘버 포	5호선 **line no.5** 라인 넘버 파이브	6호선 **line no.6** 라인 넘버 씩스
7호선 **line no.7** 라인 넘버 쎄븐	8호선 **line no.8** 라인 넘버 에잇	9호선 **line no.9** 라인 넘버 나인

핵심문장 익히기

- 지하철 노선도를 어디에서 구할 수 있나요?
  Where can I get a subway map?
  웨어 캔 아이 겟 어 써브웨이 맵

- 지하철 노선도 있나요?
  Do you have a subway map?
  두 유 해버 써브웨이 맵

- 자동매표기가 어디 있나요?

Where is the ticket machine?

웨어 이즈 더 티켓 머신

- 자동매표기를 어떻게 이용하나요?

Could you tell me how to use the automatic ticketing machine?

쿠쥬 텔 미 하우 투 유즈 디 오토매틱 티케팅 머신

- ~까지 얼마예요?

How much is it to ~?

하우 머치 이즈 잇 투 ~

- ~ 가려면 몇 호선을 타야 하나요?

Which line should I take to get to ~?

위치 라인 슈다이 테익 투 겟 투 ~

- ~에 가는 지하철 맞나요?

Is this subway going to ~?

이즈 디스 써브웨이 고잉 투 ~

- ~에 가려면 어디에서 내려야 하나요?

At which stop should I get off to get to ~?

앳 위치 스탑 슈다이 게로프투 겟 투 ~

- ~에 가려면 몇 번 출구로 나가야 하나요?

Which exit should I take for ~?

위치 엑시트 슈다이 테익 포 ~

- ~에 가려면 어느 쪽에서 타야 하나요?

Which side should I take to get to ~?

위치 싸이드 슈다이 테익 투 겟 투 ~

- 표를 잃어버렸어요.

I lost my ticket.

아이 로스트 마이 티켓

- 첫차는 몇 시인가요?

What time is the first subway?

왓 타임 이즈 더 퍼스트 써브웨이

Unit 05. 열차

❶ 열차 시간표

TRAIN NUMBER	**TO NASHVILLE** (MONDAY - FRIDAY)					■A.M. ■P.M.
	Lebanon	**Martha**	**Mt. Juliet**	**Hermitage**	**Donelson**	**Riverfront**
150	5:45	5:56	6:05	6:12	6:20	6:35
152	6:40	6:51	7:00	7:07	7:15	7:30
154			7:45	7:52	8:00	8:15
156	3:20	3:31	3:40	3:47	3:55	4:10
158	3:55	4:06	4:15	4:22	4:35	4:50
160			5:00	5:07	5:20	5:35
	FRIDAY NIGHTS ONLY					
162	6:40	6:51	7:00	7:08	7:15	7:30

TRAIN NUMBER	**FROM NASHVILLE** (MONDAY - FRIDAY)					
	Riverfront	**Donelson**	**Hermitage**	**Mt. Juliet**	**Martha**	**Lebanon**
151	6:58	7:09	7:22	7:32		
153	7:45	7:56	8:09	8:17	8:26	8:40
155	8:25	8:36	8:43	8:51	9:00	9:15
157	4:20	4:32	4:39	4:49		
159	5:05	5:17	5:24	5:32	5:41	5:55
161	5:45	5:57	6:04	6:12	6:21	6:35
	FRIDAY NIGHTS ONLY					
163	10:30	10:42	10:49	10:57	11:06	11:20

핵심문장 익히기

• 열차 시간표 어디에 있나요?

Where can I get a train schedule?

웨어 캔 아이 겟 더 츄레인 스케줄

• 열차 시간표 주세요.

May I have a train schedule?

메이 아이 해버 츄레인 스케줄

❷ 열차표 예약, 구입

1. 열차표 예약

바꾸어 말하기

매표소 는 어디 있나요?

Where's the ticket office **?**

웨얼즈 더 (티킷 오피스)

열차 대합실

매표소 **ticket office** 티킷 오피스		물품보관함 **locker** 라커	
대기실 **waiting area** 웨이팅 에어리어		화장실 **restroom** 레스트룸	
안내소 **information desk** 인포메이션 데스크		열차 플랫폼 **train platform** 트레인 플렛폼	

2. 열차표 구입

바꿔말하기

14일, 오후 2시, 뉴욕 가는 열차표 2장 주세요.

Two tickets to New York at 2 P.M. on the 14th , please.

(투 티켓츠 투 뉴욕 앳 투 피엠 온 더 폴틴쓰) 플리즈

열차 종류

암트랙 **Amtrak** 앰트랙	직행열차 **direct train** 디렉트 트레인	특급열차(아셀라 익스프레스) **Acela Express** 아셀라 익스프레스

객차 등급

일반석 **coach class** 코치 클래스	VIP석 **VIP** 브이아이피	입석 **standing room** 스탠딩 룸

▶ **열차표를 구입할 때**

A: 뉴욕 가는 열차가 몇 시에 있나요?

What time is the train to New York?

왓 타임 이즈 더 트레인 투 뉴욕

B: 14일 오후 2시, 일등석 자리만 있습니다.

At 2 P.M. on the 14th. There are only first class tickets available.

앳 투 피엠 온 더 폴틴쓰 데어라 온리 퍼스트 클래스 티켓츠 어베일러블

A: (14일, 오후 2시, 뉴욕 가는 열차표 2장) 주세요.

(Two tickets to New York at 2 P.M. on the 14th), please.

(투 티켓츠 투 뉴욕 앳 투 피엠 온 더 폴틴쓰) 플리즈

핵심 단어

도착지 **destination** 데스티네이션	날짜 **date** 데이트	열차번호 **train number** 트레인 넘버
침대 **bed** 베드	인원 **number of people** 넘버 어브 피플	열차표 **train ticket** 트레인 티켓

핵심문장 익히기

• 대합실은 어기에 있나요?

Where is the waiting room?

웨어 이즈 더 웨이팅 룸

- 뉴욕행은 어디에서 타나요?

Which platform do I take the train to New York?

위치 플랫폼 두 아이 테익 더 츄레인 투 뉴욕

- 이 열차가 뉴욕행인가요?

Is this the train for New York?

이즈 디스 더 트레인 포 뉴욕

- 환불창구가 어디에 있나요?

Where is the refund window?

웨어 이즈 더 리펀드 윈도우

- 이 열차표를 환불해주세요.

Please refund this ticket.

플리즈 리펀드 디스 티켓

열차 티켓

❸ 열차 안에서

바꿔 말하기

식당칸 이 어디에 있나요?

Where is the dining car ?

웨어 이즈 더 (다이닝 카)

객차

승무원	식당칸	화장실
train attendant	**dining car**	**restroom**
트레인 어텐던트	다이닝 카	레스트룸

▶ **열차표를 바꿀 때**

A: 무엇을 도와드릴까요?

Can I help you?

캔 아이 헬프 유

B: 일등석으로 자리를 바꿀 수 있나요?

Can I change this ticket to first class?

캔 아이 체인쥐 디스 티켓 투 퍼스트 클래스

A: 네 가능해요. / 아니요, 불가능해요.

Yes, you can. / No, you can't.

예스 유 캔 / 노 유 캔트

B: 추가 비용이 얼마인가요?

How much is the additional charge?

하우 머치 이즈 디 어디셔널 차아쥐

A: 20달러입니다.
20 dollars.
투웬티 달러스

핵심문장 익히기

- 이 자리 주인 있나요?
  Is this seat taken?
  이즈 디스 씻 테이큰

- 여기는 제 자리예요.
  This is my seat.
  디스 이즈 마이 씻

- 자리를 바꿔주시겠어요?
  Could I change seats?
  쿠다이 체인지 씻츠

- 표를 좀 바꿔주세요.
  Please change my ticket.
  플리즈 체인지 마이 티켓

- 빈 좌석이 있는지 알아보려면 어디로 가야 하나요?
  Where can I check the empty seat?
  웨어 캔 아이 첵 디 엠티 씻

- 입석 승차권을 구입했는데요. 빈 좌석이 있나요?

I bought the standing room. Are there any seats available?

아이 보웃 더 스텐딩 룸 아 데어 에니 씻 어베일러블

- 식당칸을 좌석으로 이용할 수 있을까요?

Can I sit in the dining car?

캔 아이 씻 인 더 다이닝 카

- 목적지를 바꾸고 싶은데 표를 바꿀 수 있나요?

I'd like to change my destination. Can I change the ticket?

아이드 라익투 체인지 마이 데스티네이션 캔 아이 체인지 더 티켓

승무원에게 문의

- 뉴욕행은 어디에서 내리나요?

Where should I get off for New York?

웨얼 슈다이 겟오프 포 뉴요크

- 캘리포니아행은 어디에서 갈아타나요?

Where should I transfer at for California?

웨얼 슈다이 트랜스퍼 앳 포 캘리포니아

- 열차가 얼마 동안 정차하나요?

How long does the train stop?

하우 롱 더즈 더 트레인 스탑

- 내릴 역을 지나쳤는데 어떻게 해야 하나요?

I missed my station. What should I do?

아이 미스드 마이 스테이션 왓 슈다이 두

- 식당칸은 어디에 있나요?

Where is the dining car?

웨얼 이즈 더 다이닝 카

표를 잃어버렸을 때

- 표를 보여주세요.

Show me the ticket, please.

쇼 미 더 티켓 플리즈

- 네, 여기 있습니다.

Yes, here it is.

예스 히얼 잇 이즈

- 표를 잃어버렸습니다.

I lost my ticket.

아이 로스트 마이 티켓

- 어디에서 타셨어요?

Where did you catch the train?

웨얼 디쥬 캐치 더 트레인

- ~에서 탔습니다.

I took the train at ~.

아이 툭 더 트레인 앳 ~

Unit 06. 비행기

❶ 비행기표 예약, 확인, 변경, 취소

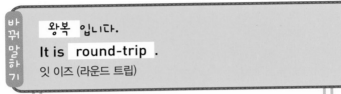

바꿔말하기

왕복 입니다.
It is **round-trip** .
잇 이즈 (라운드 트립)

비행기표

비행기표	편도	왕복
plane ticket	**one-way**	**round trip**
플레인 티켓	원웨이	라운드 트립

핵심단어

경유	출발도시	목적도시
via ~	**departure city**	**destination city**
비아 ~	디파처 씨리	데스티네이션 씨리
출발날짜	출발시간	돌아오는 날짜
departure date	**departure time**	**return date**
디파처 데잇	디파처 타임	리턴 데잇
돌아오는 시간	좌석 등급	
return time	**class**	
리턴 타임	클래스	

A: 무엇을 도와드릴까요?
Can I help you?
캔 아이 헬퓨

B: 항공권을 예매하려고 하는데요.
I'd like to book a ticket.
아이드 라익 투 부커 티켓

A: 목적지가 어디인가요?
What is your destination?
왓 이즈 유어 데스티네이션

B: 워싱턴요.
Washington.
워싱턴

A: 언제 출발하는 걸 원하세요?
When would you like to leave?
웬 우쥬 라익 투 리브

B: 14일 오전이요.
I'd like to have a seat on your flight on the morning of the 14th.
아이드 라익 투 해버 씻 온 유어 플라잇 온 더 모닝 오브 더 폴틴쓰

얼마예요?
How much is it?
하우 머치 이짓

A: 공항세 유류세 모두 포함해 500달러입니다.
Including airport tax and fuel tax, the total is five hundred dollars.
인클루딩 에어폿 택스 앤 퓨얼 택스 더 토탈 이즈 파이브 헌드레드 달러스

영문 이름을 알려주세요.

Please let me know your English name.

플리즈 렛 미 노우 유얼 잉글리쉬 네임

B: 성은 HONG이고, 이름은 GILDONG입니다.

My family name is Hong, and my name is Gil-dong.

마이 패밀리 네임 이즈 홍 앤드 마이 네임 이즈 길동

A: 예약되었습니다.

Your reservation is complete.

유어 레저베이션 이즈 컴플릿

핵심문장 익히기

- 매표소가 어디 있나요?

Where is the ticket office?

웨얼 이즈 더 티켓 오피스

- 항공편 시간표 있나요?

Do you have a flight schedule?

두 유 해버 플라잇 스케쥴

▶ **예약 확인**

A: 예약을 확인하려고요.

I'd like to confirm my reservation.

아이드 라익 투 컨펌 마이 레저베이션

제 이름은 홍길동이에요.

My name is Gil-dong Hong.

마이 네임 이즈 길동 홍

14일 오전 7시 비행기예요.

My flight leaves at 7 A.M. on the 14th.

마이 플라잇 리브즈 앳 쎄븐 에이앰 온 더 폴틴쓰

비행기 편명은 XX입니다.

Flight number is ~.

플라잇 넘버 이즈 ~

B: 예약 확인되었습니다.

Your reservation is confirmed.

유어 레저베이션 이즈 컨펌드

예약 명단에 없습니다.

You are not included on the reservation list.

유 아 낫 인클루든 온 더 레절베이션 리스트

A: 네, 감사합니다.

Thank you.

땡큐

그럼, 저는 어떻게 해야 하나요?

Then what should I do?

댄 왓 슈다이 두

▶ 변경, 취소

A: 예약을 변경[취소]해주세요.

Please change[cancel] my reservation.

플리즈 체인지[캔쓸] 마이 레절베이션

B: 예약을 변경[취소]할 수 없습니다.

You can not change[cancel] your reservation.

유 캔 낫 체인지[캔쓸] 유얼 레절베이션

예약을 취소하면 위약금을 물어야 합니다.

If you cancel your reservation, you have to pay a penalty.

이퓨 캔쓸 유얼 레저베이션 유 햅 투 페이 어 페널티

❷ 비행기 체크인과 탑승

바꿔말하기

국내선 데스크 가 어디인가요?

Where is the domestic flight desk ?

웨얼 이즈 더 (도메스틱 플라잇 데스크)

공항

국제선 데스크	국내선 데스크	탑승 대기소
international flight desk	**domestic flight desk**	**waiting area for passengers**
인터내셔널 플라잇 데스크	도메스틱 플라잇 데스크	웨이링 에어리어 포 패씬저스

A: 항공권과 여권을 주세요.

May I have your ticket and passport?

메이 아이 해브 유어 티켓 앤 패스폿

B: 창가[통로] 자리로 주세요.

A window[An aisle] seat, please.

어 윈도우[언 아일] 씻 플리즈

짐을 부쳐주세요.

I'd like to check my luggage.

아이드 라익 투 첵 마이 러기쥐

A: 짐의 무게가 초과해서 초과운임을 내야 합니다.

Your luggage is overweight so you have to pay excess luggage charge.

유어 러기쥐 이즈 오버웨잇 쏘 유 햅 투 페이 엑쎄스 러기쥐 차지

B: 초과운임이 얼마입니까?

How much is it?

하우 머치 이짓

A: 초과운임은 30달러입니다.

It's thirty dollars.

잇츠 써리 달러스

B: 비행기는 예정대로 출발하나요?

Will this plane leave on time?

윌 디스 플레인 리브 온 타임

탑승 시간은 언제인가요?

When is boarding time?

웬 이즈 보딩 타임

몇 번 탑승구로 나가야 하나요?
Which gate should I go to?
위치 게잇 슈다이 고 투

핵심문장 익히기

결항, 비행기 놓쳤을 때

- 워싱턴으로 가는 비행기를 놓쳤어요.
  I missed the plane to D.C.
  아이 미스드 더 플레인 투 디씨

- 워싱턴으로 가는 비행기가 결항됐어요.
  The flight to Washington was canceled.
  더 플라잇 투 워싱턴 워즈 캔쓸드

- 다음 비행기는 언제예요?
  When is the next flight?
  웬 이즈 더 넥스트 플라잇

- 얼마나 기다려야 하나요?
  How long should I wait?
  하우 롱 슈다이 웨잇

Unit 07. 여객선

바꿔 말하기

1등석 표 한 장 주세요.

I'd like a first-class ticket, please.

아이드 라이커 (퍼스트 클래스) 티켓 플리즈

좌석 등급

1등석 **first-class** 퍼스트 클래스	2등석 **second-class** 세컨드 클래스
3등석 **third-class** 써드 클래스	VIP석 **VIP** 브이아이피

핵심 단어

선명(배이름) **name of the ship** 네임 오브 더 쉽	출항일 **sailing date** 세일링 데잇
목적지 **destination** 데스티네이션	좌석 등급 **class** 클래스

핵심문장 익히기

- 요금이 얼마인가요?

How much is the fare?

하우 머치 이즈 더 페어

- ~에 가는 배는 언제 출항하나요?

When does the ship leave for ~?

웬 더즈 더 쉽 리브 포 ~

- ~로 가는 배의 하선은 언제인가요?

When is getting off the ship for ~?

웬 이즈 게링 오프 더 쉽 포 ~

- ~로 가는 배는 어디에서 승선하나요?

Where can I board the ship to ~?

웨얼 캔 아이 보드 더 쉽 투 ~

- 멀미약 파는 곳이 있나요?

Is there someplace that sells sea sickness medicine?

이즈 데얼 썸플레이스 댓 셀스 씨 씩니스 메디슨

- 유람선을 어디에서 타나요?

Where can I take a cruise?

웨얼 캔 아이 테익 어 크루즈

Unit 08. 렌터카

스포츠카 를 빌리고 싶어요.

I'd like to rent a sports car .

아이두 라익 투 렌트 어 (스포츠 카)

자동차의 종류 – 크기

중형차
midsize car
미드사이즈 카

소형차
compact car
컴팩트 카

대형차
full size car
풀 사이즈 카

스포츠카
sports car
스포츠 카

▶ 렌터카를 대여할 때

A: 렌터카를 빌리려고 하는데요.
I'd like to rent a car.
아이드 라익 투 렌트 어 카

B: 어떤 종류의 차를 원하세요?
What kind of car would you like?
왓 카인 옵 카 우쥬 라익

A: (대형차)를 빌리고 싶어요.

I'd like to rent a (full size car).

아이드 라익 투 렌터 (풀 사이즈 카)

렌터카 목록을 보여주시겠어요?

Can I see your rent a car list?

캔 아이 씨 유얼 렌터 카 리스트

이 차로 할게요

I'll take this.

아일 테익 디스

하루 빌리는 데 얼마예요?

How much is it to rent a day?

하우 머치 이즈 잇 투 렌트 어 데이

B: 기사 딸려서 300달러입니다.

It's $300 including the driver's charge.

잇츠 쓰리헌드레드 달러스 인클루딩 더 드라이벌스 차지

A: 보증금은 얼마예요?

How much is the deposit?

하우 머치 이즈 더 디포짓

B: 보증금은 50달러입니다.

It is $50.

잇 이즈 피프티 달러스

A: 혹시 국제 면허증을 가지고 있는데 직접 운전할 수 있나요?

I have an international driver's license. Can I drive myself?

아이 해브 언 인터내셔널 드라이버스 라이센스 캔 아이 드라이브 마이셀프

B: 네, 운전하실 수 있어요.
Yes, you can.
예스 유 캔

핵심문장 익히기

- 이것이 제 국제 면허증입니다.
This is my international driver's license.
디스 이즈 마이 인터네셔널 드라이벌스 라이센스

- 이것이 제 면허증입니다.
This is my driver's license.
디스 이즈 마이 드라이벌스 라이센스

- 도로 지도를 주세요.
Can I have a road map?
캔 아이 해버 로드맵

- 배터리가 떨어졌어요.
The battery is dead.
더 배터리 이즈 데드

- 펑크 났어요.
I have a flat tire.
아이 해브 어 플랫 타이얼

- 시동이 안 걸려요.
It won't start.
잇 오운트 스타트

- 브레이크가 안 돼요.
The brakes won't work.
더 브레익스 오운트 월크

- 기름이 떨어졌어요.
We ran out of gas.
위 랜 아웃 옵 가스

- 기름을 가득 채워주세요.
Please fill it up.
플리즈 필 잇 업

- 정비사를 불러주세요.
Please call a mechanic.
플리즈 콜 어 메카닉

- 엑셀러레이터가 안 돼요.
The accelerator doesn't work.
디 엑셀러레이러 더즌 월크

- 엔진 작동이 안 돼요.
The engine doesn't work.
디 엔진 더즌 월크

- 여기 주차할 수 있나요?

Can I park here?

캔 아이 파크 히얼

- 여기에서 얼마나 주차할 수 있나요?

How long can I park here?

하우 롱 캔 아이 파크 히얼

- 근처에 주유소가 있나요?

Is there a gas station near here?

이즈 데얼 어 가스 스테이션 니어 히얼

- 차를 점검해주세요.

Please check the car.

플리즈 체크 더 카

- 긴급 연락처를 알려주세요.

Please let me know the emergency contact details.

플리즈 렛 미 노우 디 이머전시 컨텍트 디테일스

핵심 단어

양보 **Yield** 일드		일시정지 **Stop** 스탑	
추월금지 **No Passing Lane** 노 패씽 레인		제한속도 **Speed Limit** 스피드 리밋	

일방통행 **One-Way Traffic** 원웨이 트래픽	주차금지 **No Parking** 노 파킹
우측통행 **Keep Right** 킵 라잇	진입금지 **Do Not Enter** 두 낫 엔터
유턴금지 **No U-Turn** 노 유턴	낙석도로 **Falling Rocks** 펄링 락스
어린이 보호구역 **School Zone** 스쿨 존	

Chapter 03 관광

Unit 01. 장소 묻기

바꿔말하기

관광 안내소 가 어디에 있나요?

Where is the tourist information office ?
웨얼 이즈 더 (투어리스트 인포메이션 오피스)

근처에 매표소 가 있나요?

Is there a ticket office near here?
이즈 데얼 어 (티킷 오피스) 니어 히얼

놀거리

번화가 **main street** 메인 스트릿	극장 **theater** 띠어럴	수영장 **swimming pool** 스위밍 풀
영화관 **movie theater** 무비 띠어럴	놀이동산 **amusement park** 어뮤즈먼트 파크	스키장 **ski slope** 스키 슬롭프
노래방 **karaoke** 캐리오키	사우나 **sauna** 써너	나이트클럽 **nightclub** 나이트클럽
동물원 **zoo** 주	식물원 **botanical garden** 버테니컬 가든	

편의시설, 공공시설

세탁소 **laundry** 런드리	PC방 **internet cafe** 인터넷 카페	

목욕탕 **public bath** 퍼블릭 배쓰	마사지 샵 **massage salon** 머싸쥐 쌀론 	발 마사지 샵 **foot massage shop** 풋 머싸쥐 샵

화장실 **restroom** 레스트룸	은행 **bank** 뱅크	약국 **pharmacy** 파머씨

병원 **hospital** 하스피럴	우체국 **post office** 포스트 오피스	소방서 **fire station** 파이어 스테이션

경찰서 **police station** 폴리스 스테이션	도서관 **library** 라이브러리	

한국 영사관 **Korean consulate** 코리안 컨썰렛	현금지급기 **ATM** 에이티엠	백화점 **department store** 디팟먼 스토어

관광 안내소 **tourist information office** 투어리스트 인포메이션 어피스 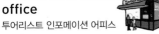	매표소 **ticket office** 티킷 오피스	

Chapter 03 관광

- 가까워요?
  Is it close to here?
  이즈 잇 클로즈 투 히얼

- 멀어요?
  Is it far from here?
  이즈 잇 파 프럼 히얼

Unit 02. 관광지에서

❶ 대표 관광지

바꿔말하기

샌프란시스코 에 가고 싶어요.
I'd like to go to San Francisco .
아이드 라익 투 고 투 (쌘 프란시스코)

그랜드캐니언 은 어디 있나요?
Where is the Grand Canyon ?
웨얼 이즈 더 (그랜드 캐년)

서양권 대표 관광지

그랜드캐니언
Grand Canyon
그랜드 캐년

디즈니랜드
Disneyland
디즈니랜드

라스베이거스
Las Vegas
라스 베이거스

센트럴파크
Central Park
센트럴 팍

자유의 여신상
Statue of Liberty
스테츄 어브 리버티

자연사 박물관
Natural History Museum
내추럴 히스토리 뮤지엄

타임스 스퀘어
Times Square
타임스퀘어

나이아가라 폭포
Niagara Falls
나이아그라 펄스

금문교
Golden Gate Bridge
골든 게잇 브리지

하와이
Hawaii
허와이

엘로스톤 국립공원
Yellowstone National Park
옐로스톤 내셔널 팍

러시모어 산
Mount Rushmore
마운트 러쉬모어

레고랜드
Legoland
레고랜드

유니버설 스튜디오
Universal Studios
유니버설 스튜디오스

요세미티 국립공원
Yosemite National Park
요세미티 내셔널 팍

항공우주 박물관
Air and Space Museum
에어 앤 스페이스 뮤지엄

에펠탑
Eiffel Tower
아이펠 타워

루브르 박물관
Louvre Museum
루브르 뮤지엄

베르사유 궁전
Versailles Palace
베르싸이 팰러스

피사의 사탑
Leaning Tower of Pisa
리닝 타워 업 피사

콜로세움
Colosseum
칼러씨움

트레비 분수
Trevi Fountain
트레비 파운튼

시스티나 성당
Sistine Chapel
씨스틴 채플

베네치아 광장
Piazza Venezia
피아자 베네치아

피렌체 대성당
Florence Cathedral
플로런스 커띠드럴

성 베드로 광장
St. Peter's Square
세인 피터 스퀘어

알프스 산맥
Alps
앨프스

파르테논 신전
Parthenon
파써난

산토리니
Santorini
쌘토리니

빅 벤
Big Ben
빅 벤

버킹엄 궁전
Buckingham Palace
버킹엄 팰러스

대영박물관
British Museum
브리티쉬 뮤지엄

그리니치 천문대
Royal Greenwich Observatory
로열 그리니치 옵저버터리

웨스트민스터 사원
Westminster Abbey
웨슷민스터 애비

스톤헨지 **Stonehenge** 스톤헨쥐	오페라하우스 **Opera house** 아프러 하우스
하버 브리지 **Harbor Bridge** 하버 브릿지	타롱가 동물원 **Taronga Zoo** 타롱가 주
통가리로 국립공원 **Tongariro National Park** 통가리로 내셔널 팍	와이토모 동굴 **Waitomo Caves** 와이토모 케이브즈
밀퍼드 사운드 **Milford Sound** 밀퍼드 사운드	

핵심문장 익히기

- 주변에 가볼 만한 명소를 소개해주세요.

  Could you recommend places to visit nearby?

  쿠쥬 리커멘드 플레이시스 투 비짓 니얼바이

- 근처에 꼭 가봐야 할 곳은 어딘가요?

  Where should I go nearby?

  웨얼 슈드 아이 고 니얼바이

바꿔말하기

<u>학생</u> 입장권 1장 주세요.

A <u>student</u> ticket, please.

어 (스튜던트) 티켓 플리즈

<u>가운데 자리</u> 영화표 주세요.

A <u>middle seat</u> movie ticket, please.

어 (미들 씻) 무비 티켓 플리즈

<u>학생 2장 공연표</u> 주세요.

<u>Two students</u>, please.

(투 스튜던츠) 플리즈

<u>학생</u> 은 할인되나요?

Do you have a <u>student</u> discount?

두 유 해버 (스튜던트) 디스카운트

어른 **adult** 어덜트	학생 **student** 스튜던트	단체 **group** 그룹
노인 **senior** 씨니어	유아 **child** 차일드	입장권 세트 **ticket set** 티켓 셋
가운데 자리 **middle seat** 미들 씻	가장자리(통로 쪽) **aisle seat** 아일 씻	케이블 승차권 (편도/왕복) **cable car ticket (one way / round-trip)** 케이블 카 티켓(원 웨이 / 라운드 트립) 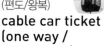

▶ **표를 구입할 때**

A: 표 있나요?
Can I buy a ticket?
캔 아이 바이 어 티켓

B: 있어요.
Yes, you can.
예스 유 캔

매진되었어요.
It's sold out.
잇츠 쏠다웃

A: (학생)은 할인되나요?
Do you have a (student) discount?
두 유 해버 (스튜던트) 디스카운트

B: 네, 할인됩니다. 학생증을 보여주세요.
Yes. Could you show me your student ID card?
예스 쿠쥬 쇼 미 유얼 스튜던트 아이디 카드

A: 학생증 여기 있어요.
Here's my student ID.
히얼즈 마이 스튜던트 아이디

입장료는 얼마인가요?
How much is the admission fee?
하우 머치 이즈 디 어드미션 피

B: 50달러입니다.
Fifty dollars.
피프티 달러스

A: (학생) 입장권 1장 주세요.
A (student) ticket, please.
어 (스튜던트) 티켓 플리즈

핵심문장 익히기

• 짐을 어디에 맡기나요?
Where do I leave my luggage?
웨얼 두 아이 리브 마이 러기쥐

• 무슨 요일에 휴관합니까?
What day is it closed?
왓 데이 이즈 잇 클로즈

• 개장[폐장] 시간은 언제인가요?
When is the opening[closing] time?
웬 이즈 더 오프닝[클로징] 타임

• 자동안내 번역기를 어디에서 빌리나요?
Where can I borrow an automated translator?
웨얼 캔 아이 버로우 언 오로메잇 트랜슬레이럴

• 자동안내 번역기를 빌리고 싶어요.
I'd like to borrow an automated translator.
아이드 라익 투 렌트 언 오로메잇 트랜스레이럴

- 어디에서 관광 유람차를 타나요?

Where can I get on a tourist car?

웨얼 캔 아이 겟 온 어 투어리스트 카

- 화장실이 어디에 있나요?

Where is the restroom?

웨얼 이즈 더 레스트룸

핵심 단어		
유료[무료] 주차 **paid[free] parking** 페이드[프리] 파킹	주차비 **parking fee** 파킹 피	화장실 이용 **toilet use** 터일렛 유즈

❸ 관광지에서

1. 명칭 묻기

> 바꿔 말하기
>
> 이[저] 산 의 이름은 무엇입니까?
>
> **What is the name of this[that] mountain ?**
>
> 왓 이즈 더 네임 오브 디스[댓] (마운틴)

자연물

산 **mountain** 마운틴	강 **river** 리버	호수 **lake** 레이크

127

저수지 **reservoir** 레저브와	연못 **pond** 판드	해변 **beach** 비치
습지 **swamp** 스왐프	협곡 **canyon** 캐년	해안 **coast** 코우스트
동굴 **cave** 케이브	섬 **island** 아일런드	삼림 **forest** 퍼리스트
초원 **grassland** 그래스랜드	사막 **desert** 데젓	폭포 **waterfall** 워러펄

인공자연물

| 분수
fountain
파운튼 | 공원
park
팍 |
| 댐
dam
댐 | 정원
garden
가든 |

유적

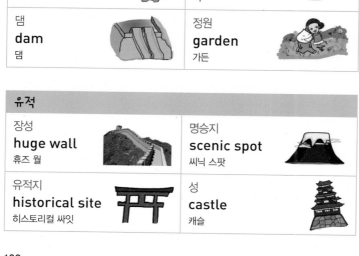

| 장성
huge wall
휴즈 월 | 명승지
scenic spot
씨닉 스팟 |
| 유적지
historical site
히스토리컬 싸잇 | 성
castle
캐슬 |

| 석불
stone statue of Buddha
스톤 스태츄 오브 붓다 | 불상
statue of Buddha
스태츄 오브 붓다 |

| 사찰
temple
템플 | 탑
tower
타월 | 무덤
tomb
툼 |

| 문
door
도얼 | 사당
shrine
슈라인 | 옛날 집
historic house
히스토릭 하우스 |

| 고궁
historic palace
히스토릭 팰리스 | 기념비
memorial
메모리얼 | 기념관
memorial hall
메모리얼 홀 |

| 다리
bridge
브리쥐 | 광장
square
스퀘어 | 성당
Catholic church
캐톨릭 철취 |

| 교회
church
철취 | 박물관
museum
뮤지엄 |

| 미술관
art museum
아트 뮤지엄 | 건물
building
빌딩 |

| 대학
university
유니벌씨리 | 이슬람 사원
mosque
마스크 |

2. 규모 묻기

높이 가 어떻게 되나요?
What is the height ?
왓 이즈 더 (하이트)

규모

길이 **length** 렝쓰		넓이 **width** 윗쓰	
무게 **weight** 웨이트		크기 **size** 싸이즈	

핵심문장 익히기

• 이것의 이름은 무엇인가요?
What is the name of this?
왓 이즈 더 네임 오브 디스

• 저것의 이름은 무엇인가요?
What is the name of that?
왓 이즈 더 네임 오브 댓

• 누가 여기서 살았나요?
Who lived here?
후 리브드 히얼

130

- 언제 지어졌나요?

When was it built?

웬 워즈 잇 빌트

- 이곳에서 가장 유명한 것은 무엇입니까?

What is the most famous thing here?

왓 이즈 더 모스트 페이머스 띵 인 히어

- 어디에 쓰는 물건인가요?

What is this used for?

왓 이즈 디스 유즈드 포

- 퍼레이드는 언제 시작하나요?

When does the parade start?

왠 더즈 더 퍼레이드 스타트

핵심 단어

출입금지 **Off Limits** 오프 리밋츠	접근금지 **Restricted Area** 리스트릭트 에리어	금연 **No Smoking** 노 스모킹
조용히 하세요 **Be Quiet** 비 콰이엇	손대지 마세요 **Do Not Touch** 두 낫 터치	
들어가지 마세요 **Keep Out** 킵 아웃	사진 촬영 금지 **No Photographs** 노 포토그랩스	

❹ 사진 촬영

바꿔 말하기

이것은 전원 버튼 입니다.

This is a power button .

디스 이즈 어 (파워 버튼)

사진기 명칭

① 전원 버튼	② 셔터 버튼	③ 셀프타이머
power button	**shutter button**	**self timer**
파워 버튼	셔러 버튼	셀프 타이머

④ 내장 플래시		⑤ 렌즈
built-in flash		**lens**
빌트 인 플래시		렌즈

▶ **사진 촬영을 부탁할 때**

A: 실례지만, 사진 좀 찍어주시겠어요?
   Excuse me, but could you take a picture of me?
   익스큐즈 미 벗 쿠쥬 테이커 픽쳐 옵 미

B: 어느 버튼을 누르면 되나요?
   Which button should I press?
   위치 버튼 슈드 아이 프레스

A: 여기 누르면 돼요.
   Just press here.
   저스트 프레스 히얼

   한 장 더 부탁드려요.
   Please take another picture.
   플리즈 테익 어나덜 픽쳐

   감사합니다.
   Thank you.
   땡큐

▶ **사진 촬영을 허락받을 때**

A: 당신의 사진을 찍어도 될까요?
   May I take your picture?
   메이 아이 테익 유얼 픽쳐

B: 좋아요, 찍으세요.
   Okay. Take it.
   오케이 테이킷

미안해요, 바빠서요.
I'm sorry because I'm busy.
아임 쏘리 비커즈 아임 비지

A: 사진을 보내드릴게요.
I'll send it to you.
아윌 센딧 투 유

(이메일) 주소를 적어주세요.
Please write down your (e-mail) address.
플리즈 라잇 다운 유얼 (이메일) 애드레스

핵심문장 익히기

- 여기에서 사진 찍어도 되나요?
Can I take pictures here?
캔 아이 테익 픽철스 히얼

- 여기에서 플래시를 사용해도 되나요?
Can I use the flash here?
메이 아이 유즈 더 플래쉬 히얼

- 여기에서 비디오 촬영해도 되나요?
Can I shoot a video here?
캔 아이 슛 어 비디오 히얼

- 함께 사진 찍으시겠어요?
Would you like to take a picture together?
우쥬 라익 투 테이커 픽철 투게덜

❺ 박물관에서

바꾸어말하기

어느 시대의 유물 인가요?

What age is the relic from?

왓 에이지 이즈 더 (레릭) 프럼

박물관

유물 **relic** 레릭		도자기 **pottery** 포러리	
화석 **fossil** 파쓸		공룡 **dinosaur** 다이노소얼	

핵심문장 익히기

• 이것은 어떤 전시회인가요?

What kind of exhibit is this?

왓 카인드 옵 이그지빗 이즈 디스

• 이것은 어디에 쓰는 물건인가요?

What is this used for?

왓 이즈 디스 유즈드 포

• 이것의 이름은 무엇인가요?

What is the name of this?

왓 이즈 더 네임 오브 디스

- 입구는 어디인가요?

Where is the entrance?

웨얼 이즈 디 엔트랜스

Entrance

- 출구는 어디인가요?

Where is the exit?

웨얼 이즈 디 엑씻

Exit

❻ 예술관 및 공연장에서

바꿔말하기

팬터마임 공연을 하는 곳이 있나요?

Is there a place where pantomeim performances are performed?

이즈 데어러 플레이스 웨어 (팬터마임) 퍼포먼시스 아 퍼폼드

연극 **play** 플레이	가면극 **masque** 매스크	아이스쇼 **ice show** 아이스 쇼
서커스 **circus** 써커스	발레 **ballet** 밸레이	팬터마임 **pantomime** 팬터마임
1인극 **monodrama** 모노드라마	난타 **Nanta** 난타	락페스티벌 **rock festival** 락 페스티벌
콘서트 **concert** 칸써트	뮤지컬 **musical** 뮤지컬	클래식 **classical music** 클래시컬 뮤직

오케스트라 **orchestra** 오키스트러	마당놀이 **Madangnori** 마당노리	국악공연 **Korean traditional musical performance** 코리안 트래디셔널 뮤지컬 퍼포먼스

핵심문장 익히기

- 누가 출연하나요?
  Who's starring?
  후즈 스타링

- 어떤 장르인가요?
  What genre is it?
  왓 잔러 이즈 잇

- 공연의 내용을 알고 싶어요.
  I'd like to know what the show is about.
  아이드 라익 투 노우 왓 더 쇼 이즈 어바웃

- 저는 뮤지컬을 좋아하는데 뮤지컬 공연하는 유명한 극장이 있나요?
  I like musicals. Is there a famous theater where musicals are performed?
  아이 라익 뮤지컬스 이즈 데어러 페이머스 씨어러 웨어 뮤지컬스 아 퍼폼드

저는 볼링 을 좋아해요

I like bowling .

아이 라익 (보울링)

배드민턴 시합을 보고 싶어요.

I want to watch a badminton game.

아이 원 투 와치 어 (배드민턴) 게임

바꿔말하기

스포츠 종목

볼링 **bowling** 보울링		암벽등반 **rock-climbing** 락클라이밍	
활강 **downhill skiing** 다운힐 스킹		수상그네 **overwater swing** 오버워터 스윙	
페러글라이딩 **paragliding** 패러글라이딩		번지점프 **bungee jump** 번지 점프	
낚시 **fishing** 피슁		인공 암벽 **sports climbing** 스포츠 클라이밍	
바둑 **go** 고		카레이싱 **car racing** 카 레이씽	
윈드서핑 **windsurfing** 윈드써핑		골프 **golf** 골프	

138

테니스 **tennis** 테니스	스키 **skiing** 스킹	
태극권 **Tai chi** 타이 치	소림무술 **Sorim military art** 소림 밀리터리 아트	
승마 **horseback riding** 홀스백 라이딩	축구 **soccer** 싸커	
배구 **volleyball** 발리볼	야구 **baseball** 베이스볼	
농구 **basketball** 배스킷볼	탁구 **table tennis** 테이블 테니스	
검술 **swordsmanship** 스워즈맨쉽	수영 **swimming** 스위밍	
경마 **horse racing** 홀스 레이씽	권투 **boxing** 박씽	
태권도 **taekwondo** 태권도	검도 **kendo** 켄도	
무에타이 **Muay Thai** 무에이 타이	격투기 **martial arts** 마샬 아츠	

씨름 **ssireum (Korean wrestling)** 코리안 레슬링	당구 **billiards** 빌려즈
배드민턴 **badminton** 배드민튼	럭비 **rugby** 럭비
스쿼시 **squash** 스쿼시	아이스하키 **ice hockey** 아이스 하키
핸드볼 **handball** 핸드볼	등산 **(취미) hiking / (전문적) climbing** 하이킹/클라이밍
인라인스케이팅 **inline skating** 인라인 스케이링	보트 **boating** 보팅
사이클 **cycling** 싸이클링	요가 **yoga** 요가
스카이다이빙 **skydiving** 스카이 다이빙	행글라이더 **hang gliding** 헹글라이딩
피겨스케이트 **figure skating** 피겨 스케이링	롤러스케이트 **roller skating** 롤러 스케이링
양궁 **archery** 알쳐리	스노쿨링 **snorkeling** 스노컬링

스쿠버다이빙	해머던지기
scuba diving	**hammer throwing**
스쿠버 다이빙	해멀 쓰로잉

멀리뛰기	창던지기
long jump	**javelin throwing**
롱 점프	쟈버린 쓰로잉

마라톤	펜싱
marathon running	**fencing**
메라손 러닝	펜싱

쿵푸	합기도
kung fu	**hapkido**
콩푸	합키도우

공수도	레슬링
karate	**wrestling**
커라티	레슬링

스모	줄넘기
sumo wrestling	**jump rope**
스모우 레슬링	점프 로프

뜀틀	에어로빅
long horse	**aerobics**
롱 홀스	에어로빅스

아령	역도
dumb bell	**weightlifting**
덤 벨	웨잇리프팅

▶ 좋아하는 운동, 취미

A: 무슨 운동을 좋아하세요?
What kind of exercise do you like?
왓 카인덥 엑써싸이즈 두 유 라익

B: 저는 (볼링)을 좋아해요.
I like (bowling).
아이 라익 (보울링)

A: 주말에는 주로 뭐하세요?
What do you usually do on weekends?
왓 두 유 유절리 두 온 위켄즈

B: 주말에는 주로 낚시를 하러 가요.
I usually go fishing on weekends.
아이 유절리 고 피싱 온 위켄즈

A: 해보고 싶은 운동이 있으세요?
What kind of exercise do you want to try?
왓 카인덥 액써싸이즈 두 유 원투 트라이

B: 암벽등반을 하고 싶어요.
I want to go rock climbing.
아이 원투 고 락 클라이밍

핵심문장 익히기

- 어느 팀이 경기합니까?

Which team is playing?

위치 팀 이즈 플레잉

- 예약을 부탁합니다.

I'd like to make a reservation.

아이드 라익 투 메이커 레저베이션

Chapter 04 쇼핑

Unit 01. 상점 찾기

| 백화점 |은 어디에 있나요?

Where is the | department store |?

웨얼 이즈 더 (디팟먼트 스토얼)

상점 이름

재래시장 **traditional market** 트래디셔널 마켓		기념품 가게 **souvenir shop** 수비니어 샵
골동품 가게 **antique shop** 앤틱 샵		도매시장 **wholesale market** 홀세일 마켓
쇼핑센터 **shopping center** 쇼핑 센털		면세점 **duty-free shop** 듀티프리 샵
이케아 **IKEA** 아이키아		대형 할인점 **big discount shop** 빅 디스카운트 샵
서점 **bookstore** 북스토어		미술관 **art museum** 아트 뮤지엄

144

핵심문장 익히기

• ~을 가려면 어디로 가야 하나요?

Where should I go to ~?

웨얼 슈다이 고 투 ~

• 쇼핑하기 좋은 곳은 어딘가요?

Where is a good place to go shopping?

웨얼 이즈 어 굿 플레이스 투 고 쇼핑

• 저렴하게 물건을 살 만한 곳이 있나요?

Is there someplace I can buy goods for cheap?

이즈 데얼 썸플레이스 아이 캔 바이 굿즈 포 칩

• 품질이 좋은 물건을 사려면 어디로 가야 하나요?

Where do I go to buy a high-quality item?

웨얼 두 아이 고 투 바이 어 하이 퀄러리 아이름

Unit 02. 물건 구입

바꾸어 말하기

남방 을 사려고 합니다.

I'd like to buy a shirt .

아이드 라익 투 바이 어 (셔츠)

청바지 는 어디에서 파나요?

Where do you sell jeans ?

웨어 두 유 쎌 (진스)

바지 구경 좀 할게요.

Let me see the pants .

렛 미 씨 유얼 (팬츠)

치마 는 몇 층에 있나요?

What floor are the skirts on?

왓 플로얼 아 더 (스커츠) 온

의류매장

정장 **suit** 쑷		청바지 **jeans** 진스		티셔츠 **T-shirt** 티셔츠	
원피스 **dress** 드레스		반바지 **shorts** 쇼츠		치마 **skirt** 스커트	
조끼 **vest** 베스트		셔츠 **shirt** 셔츠		와이셔츠 **dress shirt** 드레스 셔츠	

재킷 **jacket** 재킷	운동복 **sportswear** 스포츠웨어	오리털잠바 **duck-down jacket** 덕다운 재킷
스웨터 **sweater** 스웨러	우의 **raincoat** 레인코웃	내복 **long johns** 롱 존스
속옷 **underwear** 언더웨어	팬티 **panties/ underpants** 팬티즈/언더팬츠	교복 **school uniform** 스쿨 유니폼
레이스 **lace** 레이스	단추 **button** 버튼	바지 **pants** 팬츠
버클 **buckle** 버클	브래지어 **bra** 브라	블라우스 **blouse** 블라우스
소매 **sleeve** 슬리브	외투 **overcoat** 오버코웃	지퍼 **zipper** 지퍼
잠옷 **pajamas** 퍼자머즈	한복 **Korean clothes** 코리언 클로우쓰	파티용 드레스 **evening dress** 이브닝 드레스

신발, 양말

신발 **shoes** 슈즈	운동화 **sneakers** 스니커스

구두 **shoes** 슈즈	부츠 **boots** 부츠
슬리퍼 **slippers** 슬리퍼스	조리 **filp-flops** 플립플랍스
장화(비 올 때 신는) **rain boots** 레인 부츠	양말 **socks** 싹스
스타킹 **stockings** 스타킹스	샌들 **sandals** 쌘들스

기타 액세서리

모자 **hat** 햇	가방 **bag** 백	머리끈 **hair tie** 헤어 타이
귀걸이 **earrings** 이어링스	반지 **ring** 링	안경 **glasses** 글래씨스
선글라스 **sunglasses** 썬글래씨스	지갑 **wallet** 월럿	목도리 **winter scarf** 윈터 스카프
스카프 **scarf** 스깝프	손목시계 **wristwatch** 리슷와취	팔찌 **bracelet** 브래이슬럿
넥타이 **necktie** 넥타이	벨트 **belt** 벨트	장갑 **gloves** 글러브스

| 양산 **parasol** 패러썰 | 목걸이 **necklace** 넥클러스 | 브로치 **brooch** 브로우취 |
| 손수건 **handkerchief** 행커칩 | 머리핀 **hair pin** 헤어 핀 | |

스킨케어류 및 편의점용품

비누 **soap** 쏘웁	물티슈 **wet wipe** 웻 와입	생리대 **pad** 패드
기저귀 **diaper** 다이퍼	우산 **umbrella** 엄브렐러	담배 **cigarette** 씨거렛
라이터 **lighter** 라이러	건전지 **battery** 배러리	쇼핑백 **shopping bag** 샤핑 백
종이컵 **paper cup** 페이퍼 컵	컵라면 **cup noodles** 컵 누들스	모기약 **mosquito repellent** 머스끼토우 리펠런트
방취제 **deodorizer** 디오더라이져	면도크림 **shaving cream** 쉐이빙 크림	면도날 **razor blade** 레이져 블레이드
스킨 **skin toner** 스킨 토우너	로션 **lotion** 로션	썬크림 **sunscreen** 썬스크린

샴푸 **shampoo** 샴푸	린스 **conditioner** 컨디셔너	치약 **toothpaste** 투쓰페이스트
칫솔 **toothbrush** 투쓰브러쉬	손톱깎이 **nail clippers** 네일 클리퍼스	화장지 **toilet paper** 토일럿 페이퍼
립스틱 **lipstick** 립스틱	비비크림 **BB cream** 비비 크림	파운데이션 **foundation** 파운데이션
빗 **comb** 코움 	사탕 **candy** 캔디	껌 **gum** 검
초콜릿 **chocolate** 처컬릿	아이섀도 **eye shadow** 아이 쉐도우	매니큐어 **nail polish** 네일 폴리쉬
향수 **perfume** 퍼퓸	마스카라 **mascara** 매스캐러	파스 **pain relief patch** 페인 릴리프 패취
카메라 **camera** 캐머러	붓 **brush** 브러쉬	책 **book** 북
거울 **mirror** 미러	핸드폰 케이스 **cellphone case** 쎌폰 케이스	
에센스 **essence** 에쎈스	수분크림 **moisturizer** 모이스처라이저	영양크림 **nutrient cream** 누트리언트 크림

보석

옥 **jade** 제이드		금 **gold** 골드	
은 **silver** 실버		청동 **bronze** 브론즈	
가넷 **garnet** 가닛		자수정 **violet quartz** 바이얼럿 퀏츠	
아쿠아마린 **aquamarine** 아쿼마린		다이아몬드 **diamond** 다이어먼드	
에메랄드 **emerald** 에머럴드		진주 **pearl** 펄	
루비 **ruby** 루비		페리도트 **peridot** 페러닷트	
사파이어 **sapphire** 싸파이어		오팔 **opal** 오우플	
토파즈 **topaz** 토패즈		터키석 **turquoise** 터쿼이즈	

전자제품, 가구

카메라 **camera** 캐머러	노트북 **notebook** 놋북	컴퓨터 **computer** 컴퓨러

151

핸드폰 **cellphone** 쎌폰	텔레비전 **television** 텔리비전

기타

거실용품 **living room items** 리빙룸 아이듬즈	주방용품 **kitchen utensils** 키친 유텐씰스
골프용품 **golf supplies** 골프 서플라이즈	침구류 **bedding** 베딩
장난감 **toy** 토이	인형 **doll** 돌
기념엽서 **commemorative postcard** 커메모러팁 포스트카드	우표 **stamp** 스탬프

▶ **물건을 구입할 때**

A: (청바지)는 어디에서 파나요?
   Where do you sell (jeans)?
   웨어 두 유 쎌 (진스)

B: 2층에서 팝니다.
   They are on the second floor.
   데이 아 온 더 쎄컨 플로워

무엇을 도와드릴까요?

What can I do for you?

왓 캔 아이 두 포 유

A: (청바지)를 사려고 해요, 구경 좀 할게요.

I want to buy (jeans). Can I take a look?

아이 원투 바이 (진스) 캔 아이 테이커 룩

B: 편하게 구경하세요.

Feel free to look around.

필 프리 투 룩 어라운드

핵심문장 익히기

- 이것은 무엇입니까?

What's this?

왓 이즈 디스

- 저것은 무엇입니까?

What's that?

왓 이즈 댓

- 언제 문을 여나요?

When do you open?

웬 두 유 오픈

- 언제 문을 닫나요?

When do you close?

웬 두 유 클로즈

153

Unit 03. 물건 고르기

❶ 물건 찾기

> 바꿔 말하기
>
> 더 큰 사이즈 를 보여주세요.
>
> **Could you show me larger size ?**
>
> 쿠쥬 쇼 미 (라저 사이즈)

이것 **this** 디스	저것 **that** 댓	더 큰 사이즈 **larger size** 라저 사이즈
더 작은 사이즈 **smaller size** 스몰러 사이즈	유행상품 **trendy goods** 트렌디 굿즈	다른 종류 **different styles** 디퍼런 스타일스
다른 디자인 **different design** 디퍼런 디자인	다른 색깔 **different color** 디퍼런 컬러	신상품 **new product** 뉴 프라덕트

핵심단어

더 화려한 **more colorful** 모어 컬러풀	더 수수한 **more modest** 모어 마디스트	더 무거운 **heavier** 헤비어
더 가벼운 **lighter** 라이러	더 긴 **longer** 롱거	더 짧은 **shorter** 쇼러

154

더 싼 **cheaper** 취퍼	더 비싼 **more expensive** 모어 익스펜씨브 	몇몇의 **some** 썸

❷ 색상

> 저는 **빨간색** 을 원합니다.
>
> I want a **red** color.
>
> 아이 원트 어 (레드) 컬러

바꾸말하기

빨간색 **red** 레드		주황색 **orange** 어린쥐	
노란색 **yellow** 옐로우		초록색 **green** 그린	
파란색 **blue** 블루		남색 **navy** 네이비	
보라색 **purple** 퍼플		상아색 **ivory** 아이버리	
황토색 **red brown** 레드 브라운		검은색 **black** 블랙	

회색 **gray** 그레이		흰색 **white** 와잇	
갈색 **brown** 브라운		분홍색 **pink** 핑크	
하늘색 **sky-blue** 스카이블루			

❸ 재질

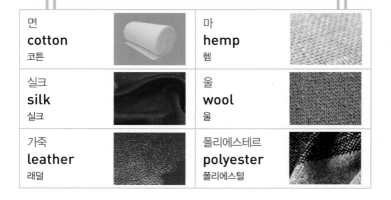

<table>
<tr><td>바꿔 말하기</td><td colspan="3">면 으로 된 옷을 보여주세요.
Can you show me clothes made of cotton ?
캔 유 쇼우 미 클로쓰 메이드 오브 (코튼)</td></tr>
</table>

면 **cotton** 코튼		마 **hemp** 헴	
실크 **silk** 실크		울 **wool** 울	
가죽 **leather** 래덜		폴리에스테르 **polyester** 폴리에스털	

156

❹ 착용

바꿔말하기

입어봐도 될까요?

May I `try` `it` `on` **?**

메 아이 (트라이) 잇 (온)

입어보다 **try on** 트라이 온		신어보다 **try on** 트라이 온	
메다 **shoulder** 숄더		먹다 **eat** 잇	
바르다 **put on** 푸론		들다 **hold** 홀드	
만지다 **touch** 터취		착용하다 **put on** 푸론	

▶ 치수, 색상, 재질 등을 물어볼 때

A: (이것) 좀 보여주세요.

Show me (this), please.

쇼우 미 (디스) 플리즈

B: 치수가 어떻게 되세요?

What size do you want?

왓 사이즈 두 유 원트

157

A: 제 치수는 (S/M/L)예요.

I'm a (small/medium/large).

아임 어 (스몰/미디엄/라지)

제 사이즈를 잘 모르겠어요.

I don't know my size.

아이 돈 노우 마이 사이즈

사이즈를 재주세요.

Please take my measurements.

플리즈 테이크 마이 메절먼트

B: 스몰 사이즈 입으시면 되겠네요.

You can wear a small size.

유 캔 웨얼 어 스몰 사이즈

A: 옷은 어디에서 갈아입죠?

Where do I change my clothes?

웨얼 두 아이 체인지 마이 클로쓰

B: 탈의실에서 갈아입으세요.

Please change your clothes in the dressing room.

플리즈 체인지 유얼 클로즈 인 더 드레싱 룸

A: 저한테 어울리나요?

Does it look good on me?

더즈 잇 룩 굿 온 미

B: 잘 어울려요.

It looks good on you.

잇 룩스 굿 온 유

A: 이 색깔이 저한테 어울리나요?
Does the color fit me?
더즈 더 컬러 핏 미

B: 잘 어울려요
It looks good on you.
잇 룩스 굿 온 유

A: (다른 색깔)을 보여주세요.
Show me (another color), please.
쇼 미 (어나덜 컬러) 플리즈

무슨 색깔이 있나요?
What colors do you have?
왓 컬러즈 두 유 해브

B: 빨간색과 흰색이 있습니다.
We have red and white.
위 해브 레드 앤 화이트

A: 저는 (빨간색)을 원합니다.
I want (red).
아이 원트 (레드)

이것의 재질은 무엇입니까?
What material is this?
왓 매티어리얼 이즈 디스

B: 이것은 폴리에스테르입니다.
This is polyester.
디스 이즈 폴리에스털

A: (면) 제품을 보여주세요.
Please show me the (cotton) clothing.
플리즈 쇼 미 더 (코튼) 클로딩

핵심문장 익히기

- 진품인가요?
  Is this genuine?
  이즈 디스 제뉴인

- 필요없어요.
  I don't need it.
  아이 돈 니딧

- 안 사요.
  I don't want to buy it.
  아이 돈 원 투 바이 잇

- 돈이 없어요.
  I don't have money.
  아이 돈 햅 머니

- 좀 더 둘러보고 올게요.
  I'll look around more.
  아윌 룩 어라운드 모어

Unit 04. 물건 사기

이것은 100달러 입니다.

This is one hundred dollars .

디스 이즈 (원 헌드래드 달러스)

동전

1센트 **one cent** 원 센트	5센트 **five cents** 파이브 센츠
10센트 **ten cents** 텐 센츠	25센트 **twenty-five cents** 투웨니 파이브 센츠
50센트 **fifty cents** 피프티 센츠	

지폐

1달러 **one dollar** 원 달러	2달러 **two dollars** 투 달러스
5달러 **five dollars** 파이브 달러스	10달러 **ten dollars** 텐 달러스

20달러 **twenty dollars** 투웬티 달러스	50달러 **fifty dollars** 피프티 달러스	100달러 **one hundred dollars** 원 헌드레드 달러스

161

50% 할인됩니다.

Fifty percent off.

(피프티 퍼센트) 오프

할인

90%
ninety percent
나인티 퍼센트

80%
eighty percent
에잇티 퍼센트

70%
seventy percent
세븐티 퍼센트

60%
sixty percent
식스티 퍼센트

50%
fifty percent
피프티 퍼센트

신용카드 로 결제할게요.

I'll pay with a **credit card** .

아월 페이 위더 (크레딧 카드)

결제

여행자수표
traveler's check
트래블러 체크

현금
cash
캐쉬

신용카드
credit card
크레딧 카드

체크카드
check card
체크 카드

▶ 물건 구매와 흥정

A: 이건 얼마예요?

How much is it?

하우 머치 이즈 잇

B: (12달러)예요.

It's (twelve dollars).

잇츠 (투웰브 달러즈)

A: 얼마나 할인된 가격인가요?

How much discount is it?

하우 머치 디스카운트 이즈 잇

B: (50%) 할인된 가격이에요.

(Fifty percent) off.

(피프티 퍼센트) 오프

A: 더 깎아주실 수 없나요?

Could you give me a bigger discount?

쿠쥬 깁 미 어 비거 디스카운트

B: 그건 좀 곤란합니다.

That's a bit difficult.

댓츠 어 빗 디피컬트

A: 지금 현금이 (11달러)뿐인데 (1달러)만 더 깎아주세요.

I have (eleven dollars) in cash right now, so I want (a dollar) discounted.

아이 해브 (일레븐 달러즈) 인 캐쉬 라잇 나우 소 아이 원트 (어 달러) 디스카운트

B: 알겠습니다. 그래요. 그럼.
Okay. Yeah.
오케이 예

A: 감사합니다.
Thank you.
땡큐

핵심문장 익히기

- 이것이 마음에 드네요.
I like this.
아이 라익 디스

- 이것으로 주세요.
Give me this.
김미 디스

계산

- 계산해주세요.
Check, please.
체크 플리즈

- 현금인출기가 어디 있나요?
Where is the ATM?
웨얼 이즈 디 에이티엠

- 영수증 주세요.
  Receipt, please.
  리씻 플리즈

포장

- 이것은 다른 사람에게 줄 선물이에요.
  This is a gift for someone else.
  디스 이즈 어 기프트 포 썸원 엘스

- 따로따로 포장해주세요.
  Please wrap them separately.
  플리즈 랩 뎀 쎄퍼레잇리

- 같이 포장해주세요.
  Please wrap them together.
  플리즈 랩 뎀 투게더

- 가격표를 떼주세요.
  Please remove the price tag.
  플리즈 리무브 더 프라이스 태그

- 배송해주세요.
  Please deliver this.
  플리즈 딜리버 디스

- 오늘 배송이 가능한가요?
  Can you ship it today?
  캔 유 쉽 잇 투데이

165

- 배달료는 얼마인가요?

How much is the delivery fee?

하우 머치 이즈 더 딜리버리 피

- 이 주소로 보내주세요.

Please send it to this address.

플리즈 센딧 투 디스 애드레스

- 구입한 것이 배달되지 않았어요.

What I bought was not delivered.

왓 아이 보우트 워즈 낫 딜리벌드

교환, 환불

- 사이즈가 안 맞아요.

It doesn't fit.

잇 더즌 핏

- 디자인이 마음에 안 들어요.

I don't like the design.

아이 돈 라익 더 디자인

- 물건에 흠이 있어요.

There's a defect in the item.

데얼즈 어 디펙트 인 디 아이템

- 작동을 안 해요.

It doesn't work.

잇 더즌 월크

- 파손됐어요.
  It's damaged.
  잇츠 데미지드

- 망가졌어요.
  It's broken.
  잇츠 브로큰

- 찢어졌어요.
  It's ripped.
  잇츠 립트

- 환불해주세요.
  Please give me a refund.
  플리즈 깁 미 어 리펀드

- 교환해주세요.
  Please exchange the item.
  플리즈 익스체인지 디 아이템

- 이것을 고쳐주세요.
  Please fix this.
  플리즈 픽스 디스

- 아직 사용하지 않았어요.
  I haven't used it yet.
  아이 해븐 유즈딧 옛

167

- 영수증 여기 있습니다.

Here's the receipt.

히얼즈 더 리씻

❶ 과일 사기

바꿔 말하기

딸기 는 1kg에 얼마예요?

How much is 1 kg of strawberries ?

하우 머치 이즈 원 킬로그램 어브 (스트로베리즈)

과일

연무 **wax apple** 왁스 애플	용안 **longan** 롱건	리치 **litchi** 리취
망고 **mango** 맹고우	비파 **loquat** 로우쾃	망고스틴 **mangosteen** 맹거스틴
산사 **haw** 허	유자 **citron** 씨트런	람부탄 **rambutan** 람부탄
사과 **apple** 애플	배 **pear** 페어	귤 **clementine** 클레멘타인
수박 **watermelon** 워러멜런	포도 **grape** 그레입	복숭아 **peach** 피취

멜론 **melon** 멜런	오렌지 **orange** 어린쥐	레몬 **lemon** 레먼
바나나 **banana** 버내너	자두 **plum** 플럼	두리안 **durian** 두리언
살구 **apricot** 애프리캇	감 **persimmon** 퍼씨먼	참외 **oriental melon** 어리엔틀 멜런
파인애플 **pineapple** 파인애플	키위 **kiwi** 키위	코코넛 **coconut** 코커넛
사탕수수 **sugarcane** 슈거캐인	구아바 **guava** 과버	밤 **chestnut** 체스트넛
대추 **jujube** 주주비	딸기 **strawberry** 스트로베리	건포도 **raisin** 레이즌
체리 **cherry** 체리	블루베리 **blueberry** 블루베리	라임 **lime** 라임
무화과 **fig** 피그	석류 **pomegranate** 파머그래닛	

▶ **과일을 살 때**

A: 무엇을 사시겠습니까?
What would you like to buy?
왓 우쥬 라익 투 바이

B: (오렌지) 1kg에 얼마예요?
How much is 1 kg of (oranges)?
하우 머취즈 원 킬로그램 업 (어린쥐스)

A: 10달러입니다.
Ten dollars.
텐 달러스

B: 1kg 주세요.
1 kg please.
원 킬로그램 플리즈

핵심문장 익히기

• 이 과일은 어떻게 먹나요?
How do I eat this food?
하우 두 아이 잇 디스 푸드

• 이 과일 맛이 어때요?
How does this fruit taste?
하우 더즈 디스 프룻 테이스트

• 싱싱한 것으로 주세요.
Give me something fresh.
깁 미 썸띵 프래쉬

- 어느 과일이 달달한가요?

Which fruit is sweet?

위치 프룻 이즈 스윗

- 어느 과일이 새콤한가요?

Which fruit is sour?

위치 프룻 이즈 사워

- 어느 과일이 맛있나요?

Which fruit is delicious?

위치 프룻 이즈 딜리셔스

❷ 채소 사기

바꿔 말하기

고수나물 1Kg에 얼마예요?

How much is 1 kg of coriander ?

하우 머치 이즈 원 킬로그램 오브 (커리앤더)

채소		
고수나물 **coriander** 커리앤더	샐러리 **celery** 쎌러리	양상추 **(iceberg) lettuce** (아이스벅) 레티스
애호박 **zucchini** 주키니	당근 **carrot** 캐럿	피망 **bell pepper** 벨 페퍼

버섯 **mushroom** 머쉬룸	감자 **potato** 포테이도	고추 **chili pepper** 칠리 페퍼
토마토 **tomato** 토메이도	무 **radish** 래디쉬	배추 **napa cabbage** 나파 캐비쥐
마늘 **garlic** 갈릭	우엉 **burdock root** 버닥 루트	상추 **lettuce leaf** 레티스 립
시금치 **spinach** 스피니취	양배추 **cabbage** 캐비쥐	브로콜리 **broccoli** 브라컬리
양파 **onion** 어니언	호박 **pumpkin** 펌킨	고구마 **sweet potato** 스윗 포테이도
오이 **cucumber** 큐컴버	파 **green onion** 그린 어니언	콩나물 **bean sprouts** 빈 스프라우츠
생강 **ginger** 진저	미나리 **water dropwort** 워러 드랍윗	옥수수 **corn** 콘
가지 **eggplant** 에그플랜트	송이버섯 **pine mushroom** 파인 머쉬룸	죽순 **bamboo shoot** 뱀부 슛

파슬리 **parsley** 파실리	도라지 **balloon flower** 벌룬 플라워	깻잎 **perilla leaf** 페릴라 립
고사리 **bracken** 브래컨	청양고추 **Cheongyang chili pepper** 청양 칠리 페퍼	팽이버섯 **enoki mushroom** 이노키 머쉬룸
올리브 **olive** 알리브	쑥갓 **crown daisy** 크라운 데이지	
인삼 **ginseng** 진셍	홍삼 **red ginseng** 레드 진셍	

핵심문장 익히기

- 싱싱한 것으로 주세요.

  Give me something fresh.

  깁 미 썸띵 프레쉬

- 이것을 저울에 달아주세요.

  Please weigh this on the scale.

  플리즈 웨이트 디스 온 더 스케일

- 비닐봉투를 주세요.

  Please give me a plastic bag.

  플리즈 깁 미 어 플라스틱 백

Unit 01. 음식점 찾기, 예약

❶ 음식점 찾기

<table>
<tr><td rowspan="3">바꾸어 말하기</td><td>이태리 음식점을 추천해주세요.</td></tr>
<tr><td>Please recommend an ｜Italian｜ restaurant.</td></tr>
<tr><td>플리즈 리코멘드 언 (이탈리언) 레스트런트</td></tr>
</table>

음식점

중국(의) **Chinese** 차이니즈	한국(의) **Korean** 코리언	일본(의) **Japanese** 재패니즈
뷔페 **buffet** 버펫	프랑스(의) **French** 프렌취	이태리(의) **Italian** 이탈리언
인도(의) **Indian** 인디안	태국(의) **Thai** 타이	저렴한 **cheap** 칩
고급 **high class** 하이 클래스	전문 **specialty** 스페셜티	

핵심단어

가까운 **close** 클로즈	맛있는 **delicious** 딜리셔스
길거리 음식 **street food** 스트릿 푸드	이 지방의 전통요리 **local dish** 로컬 디쉬

바꿔말하기

피자헛 어디 있나요?

Where is Pizza Hut ?

웨얼 이즈 (핏짜 헛)

패스트푸드 / 분식 / 기타

제과점 **bakery** 베이커리	패스트푸드점 **fast-food restaurant** 패스트푸드 레스트런트	KFC **KFC** 케이에프씨
맥도날드 **McDonald's** 맥도널즈	피자헛 **Pizza Hut** 핏짜 헛	롯데리아 **Lotteria** 로테리아
파파이스 **Popeyes** 파파이스	재즈바 **jazz bar** 재즈 바	커피숍 **coffee shop** 커피 샵

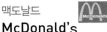

❷ 음식점 예약

방 을 예약해주세요.

Please book me a room **.**

플리즈 북 미 어 (룸)

창가자리 **window seat** 윈도우 씻		금연석 **non smoking seat** 논 스모킹 씻	
흡연석 **smoking seat** 스모킹 씻		조용한 자리 **quiet seat** 콰이엇 씻	

▶ **예약할 때**

A: 예약이 필요한가요?

Do I need a reservation?

두 아이 니드 어 레절베이션

B: 네, 필요합니다.

Yes, you need one.

예스 유 니드 원

아니요, 그냥 오세요.

No. We just accept walk-ins.

노 위 저스트 억셉트 워킨스

A: (저녁 6시, 5명) 예약해주세요.

I'd like to reserve (five seats for six o'clock this evening).

아이드 라익 투 리절브 (파이브 씨츠 포 식스 어 클락 디스 이브닝)

죄송합니다, 예약을 취소할게요.

I'm sorry. I'll cancel my reservation.

아임 쏘리 아월 캔슬 마이 레절베이션

핵심문장 익히기

- (지도나 책을 가리키며) 이 식당은 어디 있나요?

Where is this restaurant?

웨얼 이즈 디스 레스트런트

- 몇 시에 문을 여나요[닫나요]?

What time do you open[close]?

왓 타임 두 유 오픈[클로즈]

Unit 02. 음식점에서

❶ 음식 주문하기 – 대표 요리

햄버거 주세요.

Hamburger , please.

(햄버거) 플리즈

서양요리

햄버거 **hamburger** 햄버거	피자 **pizza** 핏짜	스테이크 **steak** 스테익
칠면조구이 **roast turkey** 로스트 터키	핫도그 **hot dog** 핫도그	마카로니 앤 치즈 **macaroni and cheese** 매커로니 앤 취즈
클램 차우더 **clam chowder** 클램 차우더	포테이토칩 **potato chips** 포테이토 칩스	바비큐 **barbecue** 바비큐
파스타 **pasta** 파스타	바게트 **baguette** 배켓	크루아상 **croissant** 크르와쌍
타르트 **tart** 타르트	크레페 **crape** 크레잎	에스카르고 **escargot** 에스카고
푸아그라 **foie gras** 푸와 그라	샌드위치 **sandwich** 쌘드위취	파니니 **panini** 파니니

프라이드치킨
fried chicken
프라이드 치킨

리조또
risotto
리조토

피시 앤 칩스
fish and chips
피쉬 앤 칩스

치아바타
ciabatta
춰바타

프리타타
frittata
프리타라

뇨끼
gnocchi
뇨키

와플
waffle
와플

한국식당요리

라면
ramen
라멘

냉면
cold noodles
코울드 누들스

삼계탕
**samgyetang
(ginseng chicken soup)**
쥔셍 취킨 쑵

된장찌개
**doenjang jjigae
(soybean paste stew)**
쏘이빈 페이스트 스튜

청국장찌개
**cheonggukjang
jjigae
(rich soybean paste stew)**
리취 쏘이빈 페이스트 스튜

순두부찌개
**sundubu jjigae
(soff tofu stew)**
쏘프트 토푸 스튜

부대찌개
**budae jjigae
(sausage stew)**
쏘시쥐 스튜

갈비탕
**galbitang
(short rib soup)**
숏 립 쑵

감자탕
gamjatang
(pork back-bone stew)
폭 백본 스튜

설렁탕
seolleongtang
(ox bone soup)
악스 본 쑵

비빔밥
bibimbap
비빔밥

돌솥비빔밥
dolsot bibimbap
(hot stone pot bibimbap)
핫 스톤 팟 비빔밥

떡볶이
tteokbokki
(stir-fried rice cake)
스테프라이드 라이스 케익

순대
sundae
(Korean sausage)
코리언 쏘시쥐

오뎅탕
odentang
(fish cake soup)
피쉬 케익 쑵

찐빵
jjinppang
(steamed bun)
스팀드 번

팥빙수
patbingsu(shaved ice with sweetened
red beans and other toppings)
쉐입드 아이스 윗 스위트 레드 빈스 앤 아더 토핑스

떡
rice cake
라이스 케익

해물파전
haemul pajeon(seafood
and green onion pancake)
씨푸드 앤 그린 어니언 팬 케익

김밥
gimbap
김밥

간장게장
ganjang gejang
(soy sauce marinated crab)
쏘이 쏘스 매리네이디드 크랩

김치 **kimchi** 김치	삼겹살 **samgyeopsal** **(grilled pork belly)** 그릴드 폭 벨리
족발 **jokbal(pig's feet)** 픽스 핏	

바꿔말하기

이 요리의 재료는 **닭** 입니다.

The ingredient of this dish is chicken .

디 잉그리디언트 오브 디스 디쉬 이즈 (치킨)

요리 재료

육류 **meat** 미트	조류 **poultry** 폴트리	파충류 **reptile** 렙타일
해조류 **seaweed** 씨위드	생선 **fish** 피쉬	소 **beef** 비프
닭 **chicken** 치킨	새우 **shrimp** 쉬림프	조기 **croaker** 크로컬
돼지 **pork** 포크	오리 **duck** 덕	오징어 **squid** 스쿼드

갈치 **hairtail** 헤어테일	양 **sheep** 쉽	거위 **goose** 구스
게 **crab** 크랩	잉어 **carp** 카프	염소 **goat** 고트
문어 **octopus** 악터퍼스	붕어 **crucian carp** 크루션 카프	달걀 **egg** 에그
가재 **crawfish** 클뤄피쉬	장어 **eel** 이얼	뱀 **snake** 스네이크
조개 **shellfish** 쉘피쉬	개구리 **frog** 프로그	굴 **oyster** 오이스터
미나리 **water parsley** 워러 파슬리	옥수수 **corn** 콘	두부 **tofu** 토푸
가지 **eggplant** 에그플랜트	콩나물 **bean sprouts** 빈 스프라우츠	송이버섯 **pine mushroom** 파인 머쉬룸
송로버섯 **truffle** 트러플	오이 **cucumber** 큐컴벌	토마토 **tomato** 토메이로

요리방식

데치다 **blanch** 블랜취	굽다 (빵을) **bake/** (고기 등을) **roast** 베익/로스트	튀기다 **fry** 프라이
찌다 **steam** 스팀	무치다 **season** 씨즌	볶다 **stir-fry** 스터프라이
훈제하다 **smoke** 스목	끓이다 **boil** 보일	삶다 **boil** 보일
섞다 **blend** 블렌드	휘젓다 **stir** 스터	밀다 **roll** 롤
얇게 썰다 **thinly slice** 씬니 슬라이스	손질하다 **trim** 트림	반죽하다 **knead the dough** 니드 더 도우

❷ 종업원에게 뭔가를 요구할 때

바꿔말하기

포크 주세요.

Give me a fork , please.

김 미 어 (포크) 플리즈

수저 를 바꿔주세요.

Please change my spoon and chopsticks .

플리즈 체인지 마이 (스푼 앤 찹스틱스)

식기, 양념, 후식

그릇 **bowl** 보울	머그컵 **mug** 머그	포크 **fork** 포크
숟가락 **spoon** 스푼	접시 **plate** 플레이트	젓가락 **chopsticks** 찹스틱스
나이프 **knife** 나잎	냅킨 **napkin** 냅킨	국자 **ladle** 레이들
따뜻한 물 **warm water** 웜 워럴	시원한 물 **ice water** 아이스 워럴	소금 **salt** 쏠트
후추 **pepper** 페퍼	간장 **soy sauce** 쏘이 쏘스	설탕 **sugar** 슈거
아이스크림 **ice cream** 아이스 크림	커피 **coffee** 커피	과일 **fruit** 프룻츠
디저트 **dessert** 디절트	와인 **wine** 와인	

▶ 음식점에서

A: (훈제요리) 좋아하세요?

Do you like (smoked food)?

두 유 라익 (스목트 푸드)

B: 네, 좋아합니다.
Yes, I like it.
예스 아이 라이킷

A: 그럼 오늘 오리훈제 먹으러 갈래요?
So do you want to get some smoked duck today?
써 두 유 원투 겟 썸 스목트 덕 투데이

B: 좋지요.
Sure.
슈어

A: 오늘은 제가 한턱 낼게요.
I'll treat you today.
아일 트릿츄 투데이

B: 감사합니다.
Thank you.
쌩큐

▶ **식사를 주문할 때**

A: 종업원!
Excuse me, waiter!
익스큐즈 미 웨이터

B: 주문하시겠어요?
May I take your order?
메이 아이 테익 유얼 오덜

A: 식사 전에 와인을 먼저 주문할게요.
I'd like to order some wine before the meal.
아이드 라익 투 오덜 썸 와인 비폴 더 미얼

주문할게요.
I'd like to order.
아이드 라익 투 오덜

조금 있다 주문할게요.
I'd like to order a few more minutes.
아이드 라익 투 오덜 어 퓨 모어 미닛츠

B: 무엇을 주문하시겠어요?
What would you like to order?
왓 우쥬 라익 투 오더

A: (이태리 피자) 주세요.
(Italian pizza), please.
(이탈리언 피자) 플리즈

이것으로 주세요.
Please give me this.
플리즈 깁 미 디스

같은 것으로 주세요.
I'll have the same.
아윌 해브 더 세임

(다른 사람의 음식을 가리키며) 저것과 같은 것으로 주세요.
Like that, please.
라익 댓 플리즈

제가 시킨 요리는 얼마나 기다려야 하나요?
How long should I wait until it's ready?
하우 롱 슈드 아이 웨잇 언틸 잇츠 레디

주문을 바꿔도 되나요?

May I change my order?

메이 아이 체인지 마이 오덜

주문을 취소하고 싶어요.

I'd like to cancel my order.

아이드 라익 투 캔슬 마이 오덜

자리를 바꿔주세요.

Can I please change my seat?

캔 앙 플리즈 체인지 마이 씻

핵심문장 익히기

메뉴 선택

• 오늘의 추천 요리는 무엇인가요?

What is today's special?

왓 이즈 투데이즈 스페셜

• 이 지역의 유명 요리는 무엇인가요?

What dish is known for in this area?

왓 디쉬 이즈 노운 포 인 디스 에어리어

• 담백한 요리는 무엇인가요?

What is a mild dish?

왓 이즈 어 마일드 디쉬

• 메뉴판을 주세요.

Please give me the menu.

플리즈 깁 미 더 메뉴

- 사진 있는 메뉴판은 없나요?

Do you have a menu with pictures?

두 유 해브 어 메뉴 위드 픽쳘스

- 이것은 유료인가요?

Do I have to pay for it?

두 아이 햅투 페이 포 잇

- 식사 질문

- 이 요리는 어떻게 먹나요?

How do I eat this dish?

하우 두 아이 잇 디스 디쉬

- 디저트 있나요?

Do you have any dessert?

두 유 해브 애니 디절트

식사 시 요구

- 이것 좀 더 주세요.

Can I get a refill?

캔 아이 겟 어 리필

- 접시를 치워주세요.

Could you please take the plates?

쿠쥬 플리즈 테익 더 플레이츠

- 주문한 요리가 안 나왔어요.

The food I ordered hasn't come yet.

더 푸드 아이 오덜드 해즌 컴 옛

- 주문한 요리가 아니에요.
  It's not my order.
  잇츠 낫 마이 오덜

- 요리가 덜 익었어요.
  This is undercooked.
  디스 이즈 언더쿡드

- 요리가 너무 구워졌어요.
  This is overdone.
  디스 이즈 오벌던

- 이것을 데워주세요.
  Please warm this up.
  플리즈 웜 디스 업

- 여기에 이물질이 들어 있어요.
  There's something in here.
  데얼즈 썸띵 인 히얼

- 남은 음식을 싸주세요.
  Please pack up the leftovers.
  플리즈 팩 업 더 레프트오벌스

계산

- 계산해주세요.
  Check, please.
  체크 플리즈

189

- 얼마예요?
How much is it?
하우 머치 이즈 잇

- 제가 낼게요.
It's on me.
이츠 온 미

- 따로 따로 계산할게요.
We'll pay separately.
위윌 페이 쎄퍼레잇리

- 계산이 잘못됐어요.
The bill is wrong.
더 빌 이즈 롱

- 이것은 팁이에요.
Here's a tip.
히얼즈 어 팁

▶ 테이크아웃 유무

A: 여기서 드시겠어요, 가지고 가실 거예요?
For here or to go?
포 히어 올 투 고

B: 여기서 먹을 겁니다.
For here.
포 히어

Unit 03. 술집에서

바꿔 말하기

맥주 주세요.

I'll have a beer , please.

아윌 해브 어 (비어) 플리즈

주류

맥주	고량주	하이네켄
beer	**kaoliang wine**	**Heineken**
비어	까우리앵 와인	하이네켄

버드와이져	기네스	소주
Budweiser	**Guinness**	**soju**
버드와이절	기니스	소주

호가든	밀러	샴페인
Hoegaarden	**Miller**	**champagne**
호가든	밀러	샴페인

양주	럼	위스키
liquor	**rum**	**whiskey**
리커	럼	위스키

보드카	데킬라	레드와인
vodka	**tequila**	**red wine**
보드카	데킬러	레드 와인

화이트와인	브랜디	마티니
white wine	**brandy**	**Martini**
와잇 와인	브랜디	마티니

칼바도스	사케	코냑
Calvados	**sake**	**cognac**
캘버도스	사키	코냑

Chapter 05 식사

막걸리 **makgeolli** 막걸리		동동주 **dongdongju** 동동주		피스코 **Pisco** 피스코	
진 **Gin** 진		과실주 **fruit wine** 프룻 와인		복분자주 **raspberry wine** 래즈베리 와인	
매실주 **plum wine** 플럼 와인		정종 **refined rice wine** 리파인드 라이스 와인		칵테일 **cocktail** 칵테일	

핵심문장 익히기

- 건배!
  Cheers!
  치얼스

- 한 잔 더 주세요.
  I'd like to have another drink.
  아이드 라익 투 해브 어나덜 드링크

- 한 병 더 주세요.
  One more bottle, please.
  원 모얼 바를 플리즈

- 이 술은 몇 도인가요?
  What proof is this?
  왓 프루프 이즈 디스

Chapter 06 숙소

Unit 01. 호텔 내 관광 안내소, 프런트에서

> **바꿔 말하기**
>
> 관광할 만한 곳 을 추천해[예약해] 주세요.
>
> **Please recommend(reserve) a tourist spot .**
>
> 플리즈 리코멘드[리절브] 어 (투어리스트 스팟)

관광 안내

관광할 만한 곳 **tourist spot** 투어리스트 스팟	숙소 **lodging** 로징	관광 코스 **tourist route** 투어리스트 루트
열차표 **train ticket** 트레인 티킷	비행기표 **plane ticket** 플레인 티킷	버스표 **bus ticket** 버스 티킷

핵심문장 익히기

• 수수료가 얼마예요?

What do you charge for commission?

왓 두 유 차지 포 커미션

• 택시를 불러주세요.

Call me a taxi, please.

콜 미 어 택시 플리즈

- 엽서[편지/소포]를 받아주세요.

Please accept my postcard[letter/package].

플리즈 액쎕트 마이 포스트카드[레럴/패키지]

- 엽서를 한국으로 보내주세요.

Please send my postcard to Korea.

플리즈 센 마이 포스트카드 투 코리아

- 소포를 받아주세요.

Please accept the package.

플리즈 엑쎕트 더 패키지

- 전화를 기다려요.

I'm waiting for the phone call.

아임 웨이링 포 더 폰 콜

- 전화를 받아주세요.

Please accept the phone call.

쁠리즈 엑쎕트 더 폰 콜

- 제 이름은 (제이슨)입니다.

My name is (Jason).

마이 네임 이즈 (제이슨)

- 제 방 번호는 235입니다.

My room number is 235.

마이 룸 넘벌 이즈 투 쓰리 파이브

Unit 02. 숙소 찾기, 체크인

바꿔 말하기

조용한 호텔을 소개해주세요.

Please tell me a [quiet] hotel.

플리즈 텔 미 어 (콰이엇) 호텔

유스호스텔 을 찾고 있습니다.

I'm looking for a [youth hostel].

아임 루킹 포 어 (유쓰 호스텔)

숙박 관련

시설이 좋은	저렴한	조용한
well-furnished	**cheap**	**quiet**
웰 퍼니쉬드	칩	콰이엇

호텔	캠핑장	게스트 하우스
hotel	**camping**	**guesthouse**
호텔	캠핑	게스트하우스

유스호스텔	민박
youth hostel	**Bed&Breakfast**
유쓰 호스텔	베드 앤 브렉퍼스트

여관	에어 비앤비
inn	**AIR BNB**
인	에어 비엔비

핵심 단어

교통이 편리한	전망이 좋은	시내에 있는
convient for transportation	**having a good view**	**in downtown**
컨비니언트 포 트랜스포테이션	해빙 어 굿 뷰	인 다운타운

싱글룸 을 원합니다.

I want a single room .

아이 원트 어 (씽글 룸)

호텔룸의 종류

싱글룸 **single room** 씽글 룸		더블룸 **double room** 더블 룸	
트윈룸 **twin bed room** 트윈 베드 룸		스위트룸 **suite** 스윗	
다인실 **dormitory** 도미토리		흡연실 **smoking room** 스모킹 룸	
금연실 **non-smoking room** 넌스모킹 룸			

▶ **호텔 예약**

A: 방을 예약하려고 하는데요.
   I'd like to book a room.
   아이드 라익 투 부커 룸

B: 며칠이나 머무르실 건가요?
   How long will you stay?
   하우 롱 윌 유 스테이

A: (5월 1일) 체크인해서 (5월 4일) 체크아웃할 거예요.

I will check in on (May 1st) and check out on (May 4th).

아이 윌 췌킨 온 (메이 펄스트) 앤 췌카웃 온 (메이 폴쓰)

B: 어떤 방을 원하세요?

Which room do you want?

휘취 룸 두유 원트

A: (더블룸)을 원합니다.

I want a (double room).

아이 워너 (더블 룸)

B: 몇 분이세요?

How many are there in your party?

하우 메니 알 데얼 인 유얼 파리

A: 두 명입니다.

Two people.

투 피플

B: 예약을 도와드릴게요. 성함과 연락처를 말씀해주세요.

I'll help you with your reservation. Please tell me your name and contact information.

아윌 헬 퓨 위드 유얼 레절베이션 플리즈 텔 미 유얼 네임 앤 콘택 인포메이션

A: 제 이름은 크리스티나고요, 연락처는 123-456-7890입니다.

My name is Christina and my number is 123-456-7890.

마이 네임 이즈 크리스티나 앤 마이 넘버 이즈 원투쓰리-포파이브식스-세븐에잇나인지로

B: 네, 예약되었습니다.
Your reservation has been made.
유얼 레절베이션 해즈 빈 메이드

▶ **호텔 체크인**

A: 예약하셨나요?
Do you have a reservation?
두 유 해버 레절베이션

B: 예약했습니다.
I have a reservation.
아이 해버 레절베이션

제 이름은 (크리스티나)입니다.
My name is (Christina).
마이 네임 이즈 (크리스티나)

예약확인증 여기에 있습니다.
Here's my confirmation slip.
히얼즈 마이 컨퍼메이션 슬립

예약을 안 했는데, 빈방 있나요?
I didn't make a reservation. Do you have any vacancies?
아이 디든 메익 어 레절베이션 두 유 햅 애니 베이컨씨

A: 어떤 방을 원하세요?
Which room do you want?
휘취 룸 두 유 원트

B: (싱글룸)을 원합니다.
I want a (single room).
아이 워너 (씽글 룸)

보증금은 얼마인가요?

How much is the deposit?

하우 머치 이즈 더 디포짓

A: 보증금은 (100달러)입니다.

The deposit is ($100).

더 디포짓 이즈 (원헌드레드 달러스)

신분증을 보여주세요.

Let me see your ID, please.

렛 미 씨 유얼 아이디 플리즈

B: 여권, 여기에 있어요.

Here's my passport.

히얼즈 마이 패스포트

A: 숙박신고서를 작성해주세요.

Please fill out the registration form.

플리즈 필 아웃 더 레지스트레이션 폼

핵심 단어

여권	입실	퇴실	연락처
passport	**check-in**	**check-out**	**contact information**
패스폿	체크인	체크아웃	콘택트 인포메이션

핵심문장 익히기

객실 구경

- 객실을 보여주세요.
Please show me your room.
플리즈 쇼 미 유얼 룸

- 욕실이 어디인가요?
Where is the bathroom?
웨얼 이즈 더 배쓰룸

- 화장실이 어디인가요?
Where is the restroom?
웨얼 이즈 더 레스트룸

- 뜨거운 물이 나오나요?
Is hot water available?
이즈 핫 워럴 어베일러블

- 변기에 물이 내려가나요?
Does the toilet flush well?
더즈 더 토일럿 플러쉬 웰

- TV가 나오나요?
Does the TV work?
더즈 더 티비 월크

- 에어컨[난방기]은/는 작동되나요?

Does the air conditioner[heater] work?

더즈 디 에어컨디셔널[히럴] 월크

- 아침 식사는 포함되었나요?

Is breakfast included?

이즈 브렉퍼스트 인클루디드

- 아침 식사는 어디서 하나요?

Where can I get breakfast?

웨얼 캔 아이 겟 브렉퍼스트

- WIFI는 되나요?

Can I get Wi-Fi here?

캔 아이 겟 와이파이 히어

- WIFI 비밀번호가 어떻게 되나요?

What's the WI-Fi password?

왓츠 더 와이파이 패스워드

가격흥정

- 하루 묵는 데 얼마인가요?

How much is it to stay overnight?

하우 머치 이즈 잇 투 스테이 오벌나잇

- 봉사료와 세금이 포함된 가격인가요?

Does it include service charges and taxes?

더즈 잇 인클루드 서비스 차지스 앤 텍스

- 깎아주세요.

  Can you give me a discount?

  캔 유 깁 미 어 디스카운트

- 더 비싼 방을 보여주세요.

  Please show me more expensive room.

  플리즈 쇼 미 모어 익스펜시브 룸

- 이 방은 마음에 안 들어요.

  I don't like this room.

  아이 돈 라익 디스 룸

- 이 방으로 할게요.

  I'll take this room.

  아윌 테익 디스 룸

- 보증금이 얼마인가요?

  How much is the deposit?

  하우 머치 이즈 더 디포짓

- 영수증을 주세요.

  Give me a receipt, please.

  깁 미 어 리씻 플리즈

계산 후 요구와 질문

- 짐을 보관해주세요.
  ### Please keep my luggage.
  플리즈 킵 마이 러기지

- 짐을 방까지 옮겨주세요.
  ### Please carry my luggage to the room.
  플리즈 캐리 마이 러기지 투 더 룸

- 아침 식사는 몇 시부터 몇 시까지인가요?
  ### What time does breakfast start?
  왓 타임 더즈 브렉퍼스트 스타트

- 아침 식사는 어디에서 하나요?
  ### Where do you eat breakfast?
  웨얼 두 유 잇 브렉퍼스트

- 식권을 주세요.
  ### Please give me a meal coupon.
  플리즈 깁 미 어 밀 쿠폰

- 체크아웃은 몇 시인가요?
  ### What time is checkout?
  왓 타임 이즈 체크아웃

체크인 트러블

- 늦게 도착할 거 같아요.
  ### I think I'll be arriving late.
  아이 띵크 아윌 비 어라이빙 레이트

- 예약을 취소하지 마세요.
  ### Don't cancel my reservation.
  돈 캔쓸 마이 레절베이션

- 방을 바꿔주세요.
  ### Please change my room.
  플리즈 체인지 마이 룸

Unit 03. 룸서비스

물 을 갖다주세요.

Please bring me some   water .

플리즈 브링 미 썸 (워럴)

룸서비스 – 음료 및 식사

물 **water** 워러		커피 **coffee** 커피	
샴페인 **champagne** 샴페인		와인 **wine** 와인	
얼음 **ice** 아이스		식사 **(a) meal** (어) 밀	

> 모닝콜 을 해주세요.
> **Can I get a wake up call ?**
> 캔 아이 겟 어 (웨이컵 콜)

룸서비스 - 기타

모닝콜 **wake up call** 웨이컵 콜	세탁 / 다림질 / 드라이크리닝 **laundry/ironing/ dry cleaning** 런드리/아이어닝/드라이 클리닝
방 청소 **cleaning up my room** 클리닝 업 마이 룸	식당 예약 **restaurant reservation** 레스토런 레져베이션
마사지 **massage** 머싸쥐	

▶ **룸서비스를 부탁할 때**

A: 202호입니다.
This is room 202.
디스 이즈 룸 투오투

룸서비스를 부탁드립니다.
Room service, please.
룸 써비스 플리즈

B: 네
Yes.
예스

A: 누구세요?
Who is it?
후 이즈 잇

B: 룸서비스입니다.
This is room service.
디스 이즈 룸 서비스

A: 잠시만 기다려주세요.
Please wait a moment.
플리즈 웨잇 어 모먼트

들어오세요.
Come in.
컴 인

감사합니다. 이것은 팁입니다.
Thank you. Here is your tip.
땡큐 히어 이즈 유얼 팁

Unit 04. 객실 트러블

바꿔 말하기

냉장고 가 고장 났어요.

The fridge is broken.

더 (프리짓) 이즈 브로큰

담요 를 갖다주세요.

Please bring me a blanket .

플리즈 브링 미 어 (블랭킷)

침대 가 더러워요

The bed is dirty.

더 (베드) 이즈 더리

객실

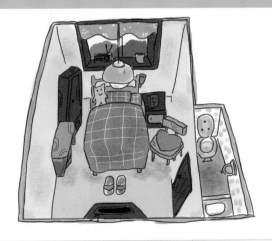

방	전화	텔레비전
room	**telephone**	**television**
룸	텔레폰	텔레비전

리모컨 **remote control** 리모트 컨트롤	비디오 **video** 비디오	냉장고 **refrigerator** 리프리져레이러
에어컨 **air conditioner** 에어 컨디셔너	난방기 **heater** 히럴	전등 **lamp** 램프
침대  **bed** 베드	베개 **pillow** 필로우	담요 **blanket** 블랭킷
시트 **sheet** 시트	소파 **sofa** 소우파	테이블 **table** 테이블
커튼 **curtain** 커튼	티슈 **tissue** 티슈	헤어드라이기 **hair dryer** 헤어 드라이얼
환풍기 **ventilator** 벤틸레이러	미니바 **minibar** 미니바	

욕실

변기 **toilet** 토일럿	수도꼭지 **faucet** 퍼씻	창문 **window** 윈도우
샤워기 **shower** 샤워	휴지 **toiler paper** 토일럿 페이펄	샴푸 **shampoo** 샴푸
비누 **soap** 쏘웁	샤워젤 **shower gel** 샤워 젤	칫솔 **toothbrush** 투쓰브러쉬
치약 **toothpaste** 투쓰페이스트	욕조 **bathtub** 배쓰텁	세면대 **sink** 씽크
거울 **mirror** 미러	수건 **towel** 타월	

핵심문장 익히기

- 문이 열리지 않아요.

  The door won't open.

  더 도얼 오운트 오픈

- 열쇠를 잃어버렸어요.

  I lost my keys.

  아이 로스트 마이 키즈

- 열쇠를 방 안에 두고 왔어요.

I left my keys in the room.

아이 레프트 마이 키즈 인 더 룸

- 방 번호를 잊어버렸어요.

I forgot my room number.

아이 포갓 마이 룸 넘버

- 변기가 막혔어요.

The toilet is clogged.

더 토일렛 이즈 클러그

- 변기를 고쳐주세요.

Please fix the toilet.

플리즈 픽스 더 토일렛

- 더운 물이 안 나와요.

There's no hot water.

데얼즈 노 핫 워럴

- 세면대 물이 샙니다.

The faucet is leaking.

더 퍼씻 이즈 리킹

- 욕실 청소를 다시 해주세요.

Please clean the bathroom again.

플리즈 클린 더 배쓰룸 어게인

- 전등이 나갔어요.
  The lights are out.
  더 라잇차 아웃

- 방해하지 마세요.
  Do not disturb.
  두 낫 디스털브

- 방을 청소해주세요.
  Please make up the room.
  플리즈 메이컵 더 룸

- 주위가 시끄러워요.
  It's noisy around here.
  잇츠 노이지 어라운드 히얼

- 잠깐 와주시겠어요?
  Could you come over for a moment?
  쿠 쥬 컴 오벌 뽀 어 모먼트

Unit 05. 부대시설

바꿔말하기

헬스클럽 이 어디에 있나요?

Where is the fitness center ?

웨얼 이즈 더 (피트니스 센터)

비즈니스 센터 는 몇 시에 문을 여나요?

What time does the business center open?

왓 타임 더즈 더 (비즈니스 센터) 오픈

부대시설

헬스클럽 **fitness center** 피트니스 센터	비즈니스 센터 **business center** 비즈니스 센터
상점 **store** 스토얼	사우나 **sauna** 싸우너
수영장 **swimming pool** 스위밍 풀	식당 **restaurant** 레스트런트

마사지샵 **massage salon** 머싸쥐 쌀론	우체국 **post office** 포스트 오피스
은행 **bank** 뱅크	커피숍 **coffee shop** 커피 숍

핵심문장 익히기

- 팩스[복사/출력] 한 장에 얼마예요?
  How much do you charge for fax[copy/print]?
  하우 머치 두 유 차지 포 팩스[카피/프린트]

- 머리를 짧게 잘라주세요.
  Please cut my hair short.
  플리즈 컷 마이 헤얼 쇼트

- 가볍게 파마해주세요.
  I'd like to have my hair permed.
  아이두 라일 투 해브 마이 헤얼 펌드

- 전신 마사지를 해주세요.
  Please give me a full-body massage.
  플리즈 깁 미 어 풀 바디 마사지

- 발 마사지를 해주세요.
  Please give me a foot massage.
  플리즈 깁 미어 풋 마사지

Unit 06. 체크아웃

이 <u>추가요금</u> 은 무엇인가요?

What is this extra charge ?

왓 이즈 디스 (엑스트라 차지)

추가요금	요금
extra charge	**charge**
엑스트라 차지	차지

핵심문장 익히기

• 체크아웃은 몇 시인가요?

What time is checkout?

왓 타임 이즈 체크아웃

• 하룻밤 더 묵고 싶어요.

I'd like to stay one more night.

아이드 라익 투 스테이 원 모어 나잇

• 하루 일찍 떠나고 싶어요.

I'd like to leave one day earlier.

아이드 라익 투 리브 원데이 얼리어

• 체크아웃해주세요.

I'd like to check out.

아이드 라익 투 체크 아웃

216

- 이것은 보증금 영수증입니다.

This is the deposit receipt.

디스 이즈 더 디파짓 리씻

- 귀중품을 꺼내주세요.

Please take out my valuables.

플리즈 테이크 아웃 마이 밸류어블즈

- 출발할 때까지 짐을 맡아주세요.

Please take care of my bags until I leave.

플리즈 테잌 케얼 옵 마이 백스 언틸 아이 리브

- 방에 물건을 두고 나왔어요.

I left my things in the room.

아이 레프트 마이 띵스 인 더 룸

- 보증금을 돌려주세요.

Please return the deposit.

플리즈 리턴 더 디파짓

- 계산이 잘못된 것 같아요.

I think the bill is wrong.

아이 띵크 더 빌 이즈 렁

- 얼마예요?

How much is it?

하우 머치 이즈 잇

- 택시를 불러 주세요.

Call me a taxi, please.

콜 미 어 택시 플리즈

- 영수증을 주세요.

Give me a receipt, please.

깁 미 어 리씻 플리즈

Unit 01. 우체국에서

바꿔 말하기

봉투 주세요.

Please give me an envelope .
플리즈 깁 미 언 (엔벨롭)

편지

그림엽서	봉투
postcard	**envelope**
포스트카드	엔벨롭

▶ 편지 부치기

A: 편지를 보내려고요.

I'd like to send a letter.
아이드 라익 투 센드 어 레럴

(봉투) 주세요.

Please give me an (envelope).
플리즈 깁 미 언 (엔벨롭)

B: 어떻게 보내실 건가요?

How would you like to send it?
하우 우 쥬 라익 투 센드 잇

A: 가장 빨리 도착하는 것으로 보내주세요.
Please send it using your fastest service.
플리즈 센드 잇 유징 유어 패스티스트 서비스

핵심문장 익히기

- 기념우표 주세요.
Commemorative stamp, please.
커메모러팁 스탬프 플리즈

- 풀은 어디 있어요?
Where is the glue?
웨얼 이즈 더 글루

- 우체통은 어디에 있나요?
Where is the mailbox?
웨얼 이즈 더 메일박스

- 우체국은 몇 시에 문을 닫나요?
What time does the post office close?
왓 타임 더즈 더 포스트 오피스 클로즈

A: 이 소포를 한국의 서울로 보내주세요.

Please send this package to Seoul, South Korea.

플리즈 센드 디스 패키지 투 서울 사우스 코리아

B: 내용물은 무엇입니까?

What are the contents?

왓 아 더 콘텐츠

A: 유리라 깨지기 쉬우니 조심히 다뤄주세요.

It's glass, so it's fragile. Please handle it carefully.

잇츠 글라스 쏘 잇츠 프래질 플리즈 핸들 잇 케어풀리

B: 포장을 안 했네요. 상자를 드릴까요?

You didn't wrap it up. Would you like a box?

유 디든 랩 잇 업 우쥬 라익 어 박스

A: 네, 상자를 주세요.

Yes. Give me a box, please.

예스 깁 미 어 박스 플리즈

B: 어떻게 보내드릴까요?

How do you want it sent?

하우 두 유 원 잇 센트

A: 항공편[선편]으로 보내주세요.

Please send it by air[sea] mail.

플리즈 센 딧 바이 에어[씨] 메일

요금이 얼마예요?

How much is the fare?

하우 머치 이즈 더 페어

시간이 얼마나 걸리나요?
How long does it take to get there?
하우 롱 더즈 잇 테익 투 겟 데어

영수증을 주세요.
Give me a receipt, please.
깁 미 어 리씻 플리즈

핵심 단어		
수신인 **addressee** 애드레씨	발신인 **addresser** 어드레설	주소 **address** 애드레스
연락처 **contact information** 컨택 인포메이션	우편번호 **zip code** 집 코드	착불 **collect on delivery** 콜렉트 온 딜리버리

Unit 02. 은행에서

▶ **계좌 개설**

A: 계좌를 개설해주세요.

Please open an account.

플리즈 오픈 언 어카운트

외화 사용이 가능한 계좌로 해주세요.

I'd like to have the account with foreign currency.

아이드 라익 투 햅 디 어카운트 위드 포린 커런시

B: 신청서를 작성해 여권과 함께 주세요.

Please fill out the application form and give it to me with your passport.

플리즈 필 아웃 더 어플리케이션 폼 앤 깁 잇 투 미 위드 유얼 패스포트

비밀번호 눌러주세요.

Please enter your password.

플리즈 엔터 유얼 패스워드

디시 한번 입력해주세요.

Please enter once again.

플리즈 엔터 원스 어겐

A: 현금카드도 만들어주세요.

Please give me a cash card.

플리즈 기브 미 어 캐쉬 카드

Unit 03. PC방에서

컴퓨터 사용법 을 알려주세요.

Can you tell me how to use the computer ?

캔 유 텔 미 (하우 투 유즈 더 컴퓨럴)

이메일 확인방법	컴퓨터 사용법
how to check an email	**how to use the computer**
하우 투 첵 언 이메일	하우 투 유즈 더 컴퓨터

▶ **PC방 이용하기**

A: 한 시간에 얼마예요?

How much do you charge for an hour?

하우 머치 두 유 차지 포 언 아월

B: 회원인가요?

Are you a member?

아 유 어 멤벌

A: 회원이 아닌데요.

I'm not a member.

아임 낫 어 멤벌

B: 비회원은 5달러입니다.

If you're not a member, then you have to pay five dollars.

이 퓨 알 낫 어 멤벌 덴 유 햅 투 페이 파이브 달러스

224

Unit 01. 질병

바꾸어말하기

눈 이 아파요

My eyes hurt.

마이 (아이즈) 헐트

코 를 다쳤어요.

I hurt my nose .

아이 헐트 마이 (노우즈)

① 머리 **head** 헤드	② 눈 **eye** 아이	③ 코 **nose** 노우즈
④ 입 **mouth** 마우쓰	⑤ 이 **teeth** 티쓰	⑥ 귀 **ear** 이어
⑦ 목 **neck** 넥	⑧ 어깨 **shoulder** 숄더	⑨ 가슴 **chest** 체스트
⑩ 배 **stomach** 스터먹	⑪ 손 **hand** 핸드	⑫ 다리 **leg** 레그
⑬ 무릎 **knee** 니	⑭ 발 **foot** 풋	

225

① 등 **back** 백	② 머리카락 **hair** 헤어
③ 팔 **arm** 암	④ 허리 **waist** 웨이스트
⑤ 엉덩이 **butt** 벗	⑥ 발목 **ankle** 앵클

① 턱수염 **beard** 비어드	② 구레나룻 **sideburn** 사이드번	③ 눈꺼풀 **eyelid** 아이리드
④ 콧구멍 **nostril** 너스트럴	⑤ 턱 **jaw** 쥬	⑥ 눈동자 **pupil** 퓨플
⑦ 목구멍 **throat** 쓰롯	⑧ 볼/뺨 **cheek** 칙	⑨ 배꼽 **bellybutton** 벨리버튼

⑩ 손톱 **nail** 네일	⑪ 손목 **wrist** 리스트	⑫ 손바닥 **palm** 팜
⑬ 혀 **tongue** 텅	⑭ 피부 **skin** 스킨	⑮ 팔꿈치 **elbow** 엘보우

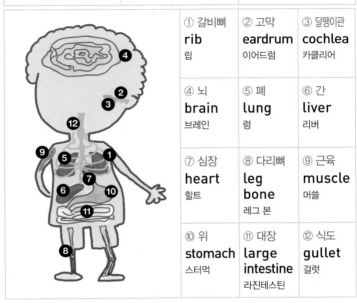

① 갈비뼈 **rib** 립	② 고막 **eardrum** 이어드럼	③ 달팽이관 **cochlea** 카클리어
④ 뇌 **brain** 브레인	⑤ 폐 **lung** 렁	⑥ 간 **liver** 리버
⑦ 심장 **heart** 할트	⑧ 다리뼈 **leg bone** 레그 본	⑨ 근육 **muscle** 머쓸
⑩ 위 **stomach** 스터먹	⑪ 대장 **large intestine** 라진테스틴	⑫ 식도 **gullet** 걸럿

▶ **도움을 요청할 때**

A: 도와주세요!

Please help me.

플리즈 헬프 미

B: 어디 불편하세요?

Is there something wrong?

이즈 데어 썸씽 렁

무엇을 도와드릴까요?

Can I help you with anything?

캔 아이 헬 퓨 윗 애니띵

A: (코)를 다쳤어요.

I hurt my (nose).

아이 헐트 마이 (노우즈)

병원에 데려다주실 수 있나요?

Can you take me to the hospital?

캔 유 테익 미 투 더 하스피럴

구급차를 불러주실 수 있나요?

Could you call an ambulance?

쿠 쥬 콜 언 앰뷸런스

약을 사주시겠어요?

Could you buy me some medicine?

쿠 쥬 바이 미 썸 메디씬

부축해주세요.

Please help me.

플리즈 헬프 미

병원[약국]을 찾고 있어요.

I'm looking for a hospital[pharmacy].

아임 루킹 포 어 하스피럴(파머씨)

B: 아픈 지는 얼마나 됐나요?

How long have you been sick?

하우 롱 해뷰 빈 씩

A: 아픈 지는 (1시간) 됐어요.
It's been (an hour).
잇츠 빈 (언 아우어)

핵심문장 익히기

- 눈에 뭐가 들어갔어요.
I've got something in my eyes.
아이브 갓 썸띵 인 마이 아이즈

- 콧물이 흘러요.
My nose is running.
마이 노우즈 이즈 러닝

- 다리가 골절됐어요.
I broke my leg.
아이 브록 마이 레그

- 손을 데였어요.
I burned my hand.
아이 번드 마이 핸드

- 어지러워요.
I feel dizzy.
아이 필 디지

- 차멀미가 나요.

  I get motion sickness.

  아이 겟 모션 식니스

- 체했어요.

  I have an upset stomach.

  아이 해번 업셋 스터먹

- 설사해요.

  I have diarrhea.

  아이 햅 다이어리아

- 열이나요.

  I have a fever.

  아이 해버 피버

- 기침해요.

  I have a cough.

  아이 해버 코프

- 토했어요.

  I vomited.

  아이 버밋티드

- 찔렸어요.

  It poked me.

  잇 폭트 미

- 화상을 입었어요.

  I burned myself.

  아이 번드 마이셀프

- 식욕이 없어요.

  I don't have much of an appetite.

  아이 돈 햅 머치 옵 언 애피타이트

- 쥐가 나요.

  I have a cramp.

  아이 해버 크램프

- 식은땀이 나요.

  I'm breaking out in a cold sweat.

  아임 브레이킹 아웃 인 어 콜드 스웻트

- 빈혈이에요.

  I'm anemic.

  아임 어니믹

- 벌레에 물렸어요.

  I got bitten by a bug.

  아이 갓 비튼 바이 어 벅

- 곪았어요.

  It festered.

  잇 페스터드

- 염증이 생겼어요.
  I've got inflammation.
  아이 갓 언 인쁠로메이션

- 감염됐어요.
  It is infected.
  잇 이즈 인펙티드

병명		
천식 **asthma** 애즈머	고혈압 **high blood pressure** 하이 블러드 프레셔	소화불량 **indigestion** 인디제스천
생리통 **menstrual cramps** 멘스트럴 크램스	당뇨병 **diabetes** 다이아비디스	알레르기 **allergy** 앨러쥐
심장병 **heart disease** 할트 디지스	맹장염 **appendicitis** 어펜디사이디스	위염 **gastritis** 게스트라이디스
감기 **cold** 코울드	배탈 **stomachache** 스터먹에익	설사병 **diarrhea** 다이어리어
장티푸스 **typhoid** 타이포이드	결핵 **tuberculosis** 투버큘러시스	고산병 **altitude sickness** 앨티튜드 씩니스
광견병 **rabies** 레이비스	뎅기열 **dengue fever** 덴기 피버	저체온증 **hypothermia** 하이포써미아

폐렴 **pneumonia** 누모우니어	식중독 **food poisoning** 푸드 포이즈닝	기관지염 **bronchitis** 브랑카이디스
열사병 **heatstroke** 힛스트록	치통 **toothache** 투쎄익	간염 **hepatitis** 헤퍼타이디스

약명

아스피린 **aspirin** 애스피린	소화제 **digestive medicine** 다이제스티브 메디슨	위장약 **antacid** 앤태씨드
반창고 **band-aid** 밴드에이드	수면제 **sleeping pill** 슬리핑 필	진통제 **pain reliever/ analgesic** 페인 릴리버/애널쥐직
해열제 **fever reducer/ antipyretic** 피버 리듀써/ 안티페이레틱	멀미약 **motion sickness reliever** 모션 씩니스 릴리버	기침약 **cough medicine** 콥 메디슨
지혈제 **styptic** 스팁틱	소염제 **anti inflammatory drug** 앤티 인플래머토리 드럭	
소독약 **antiseptic** 앤디셉틱	변비약 **laxative** 랙서팁	안약 **eye drops** 아이 드랍스
붕대 **gauze** 거즈	지사제 **antidiarrheal** 안티다이어리얼	감기약 **cold medicine** 콜드 메디쓴 

Unit 02. 사고(분실, 도난, 교통사고)

> _{바꿔말하기}
> 지갑 을 잃어버렸어요.
> **I lost my wallet .**
> 아이 <u>로스트</u> 마이 (월릿)

소지품

지갑 **wallet** 월릿	여권 **passport** 패스포트	신용카드 **credit card** 크레딧 카드
가방 **bag** 백	돈 **money** 머니	보석 **jewel** 쥬얼
수표 **check** 첵	신분증 **identification card** 아이덴티피케이션 카드	귀중품 **valuables** 밸류어블즈

핵심문장 익히기

도움 요청

• 도와주세요!
Please help me.
플리즈 헬프 미

• 경찰을 불러주세요.
Please call the police.
플리즈 콜 더 폴리스

- 경찰에 신고해주세요.

  Please report it to the police.

  플리즈 리폿 잇 투 더 폴리스

- 전화해주세요.

  Please call me.

  플리즈 콜 미

- 핸드폰을 빌려주세요.

  Please lend me your cellphone.

  플리즈 렌드 미 유얼 쎌폰

- 한국 통역관을 불러주세요.

  Please call a Korean interpreter.

  플리즈 콜 코리안 인터프리터

도난

- 도둑[소매치기]이야!

  There's a thief[pickpocket]!

  데얼즈 어 띠프[픽파킷]

- 제 물건을 찾아주세요.

  Please find my stuff.

  플리즈 파인 마이 스터프

교통사고

- 교통사고를 당했어요.

  I got into a car accident.

  아이 갓 인투 어 카 액시던트

- 사고가 났어요.
  An accident has happened.
  언 액시던트 해즈 해픈드

- 뺑소니예요!
  A hit and run!
  어 히트 앤 런

- 구급차를 불러주세요.
  Please call an ambulance.
  플리즈 콜 언 앰뷸런스

폭행 / 강도 / 사기

- 살려주세요!
  Help me, please.
  헬프 미 플리즈

- 강도예요.
  It's a robbery.
  잇츠 어 러버리

- 사기를 당했어요.
  I was tricked.
  아이 워즈 트릭트

- 폭행을 당했어요.
  I was assaulted.
  아이 워즈 어썰티드

하루하루 다시 시작하는
일상생활 5분 영어 365
이원준 엮음 | 128*188mm | 392쪽 |
13,000원(mp3 파일 무료 제공)

하루하루 다시 시작하는
일상생활 5분 일본어 365
야마무라 지요 엮음 | 128*188mm | 392쪽 |
13,000원(mp3 파일 무료 제공)

하루하루 다시 시작하는
일상생활 5분 중국어 365
최진권 엮음 | 128*188mm | 392쪽 |
13,000원(mp3 파일 무료 제공)

무조건 따라하면 통하는
바로바로 영어 독학 첫걸음
이민정 엮음 | 148*210mm | 420쪽
15,000원(본문 mp3 CD 포함)

무조건 따라하면 통하는
바로바로 일본어 독학 첫걸음
이민정 엮음 | 148*210mm | 420쪽
15,000원(본문 mp3 파일 +
주요 문장 동영상 강의 DVD 포함)

무조건 따라하면 통하는
바로바로 중국어 독학 첫걸음
이민정 엮음 | 148*210mm | 420쪽
15,000원(본문 mp3 CD 포함)

가장 알기 쉽게 배우는
바로바로 영어 독학 단어장
이민정, 장현애 저 | 128*188mm | 324쪽 |
14,000원(mp3 파일 무료 제공)

가장 알기 쉽게 배우는
바로바로 일본어 독학 단어장
서지위, 장현애 저 | 128*188mm | 308쪽 |
14,000원(본문 mp3 파일 무료 제공)

가장 알기 쉽게 배우는
바로바로 중국어 독학 단어장
서지위, 장현애 저 | 128*188mm | 324쪽 |
14,000원(본문 mp3 파일 무료 제공

여행자 필수메모

성 명 Name	
생년월일 Date of Birth	
국 적 Nationality	
호 텔 Hotel	
여권번호 Passport No.	
비자번호 Visa No.	
항공기편명 Flight Name	
항공권번호 Air Ticket No.	
신용카드번호 Credit Card No.	
여행자수표번호 Traveler's Check No.	
출발지 Departed from	
목적지 Destination